Der Meraner Höhenweg

SEILBAHN UNTERSTELL • NATURN

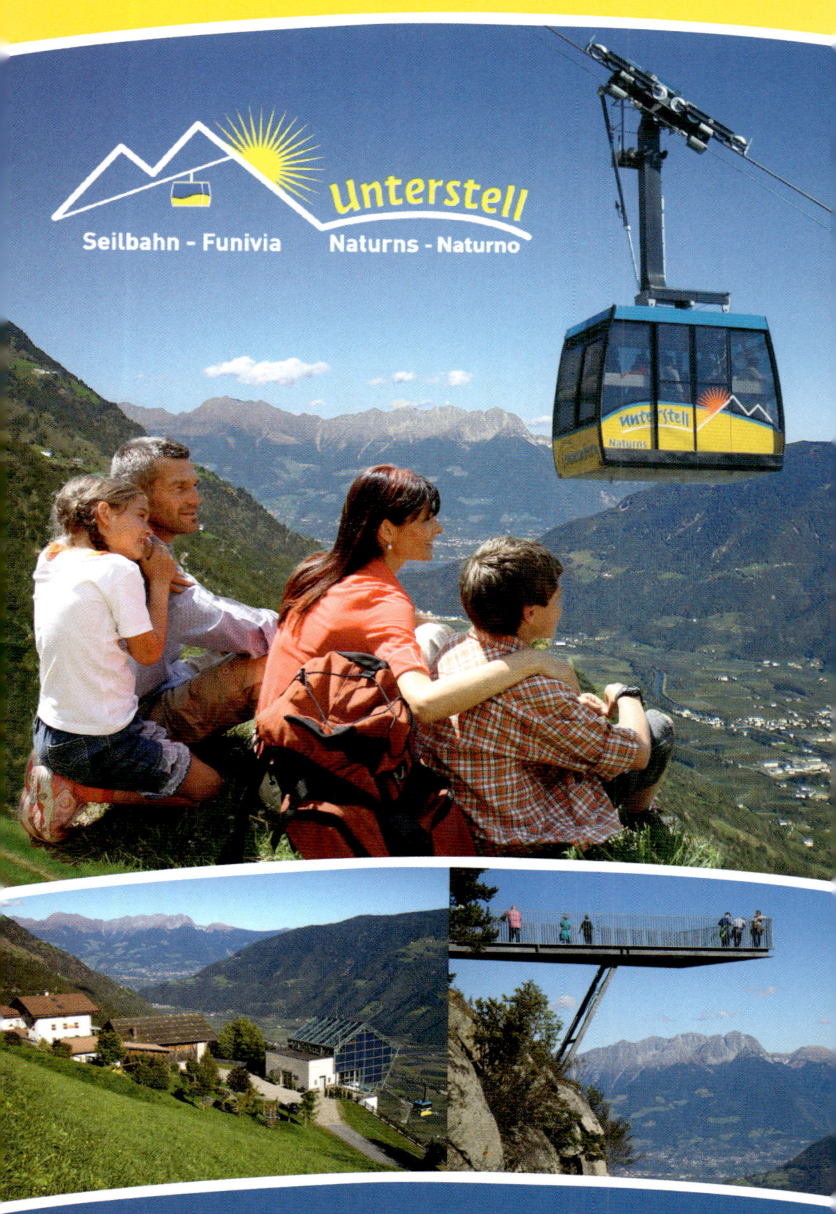

Wandern am Naturnser Sonnenberg
Tel. +39 0473 66 84 18 - www.unterstell.i

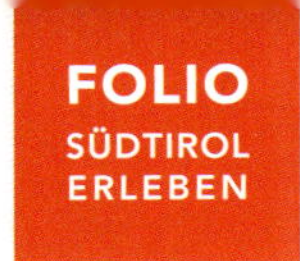

Oswald Stimpfl

Der Meraner Höhenweg

Folio Verlag Wien – Bozen

HINWEIS

Alle Angaben erfolgen nach bestem Wissen und Gewissen. Sämtliche Informationen wurden gewissenhaft recherchiert, doch Ruhetage oder Öffnungszeiten können sich kurzfristig ändern. Daher empfehlen wir Ihnen, sich vorher zusätzlich telefonisch zu informieren. Die beschriebenen Wanderungen werden auf eigenes Risiko unternommen; Autor und Verlag übernehmen keinerlei Haftung.

Mit diesem QR-Code können Sie die sehr praktische und kostenlose App alpenvereinaktiv.com von Deutschem Alpenverein, Österreichischem Alpenverein und Alpenverein Südtirol auf Ihr Mobiltelefon herunterladen.

Gleichzeitig steht Ihnen damit eine – auch offline nutzbare – Karte mit dem Verlauf des gesamten Meraner Höhenwegs und mit Höhenprofil zur Verfügung. Sie können damit unterwegs Ihre genaue Position bestimmen und sich vergewissern, auf dem richtigen Weg zu sein!

SYMBOLE

Informationen
Unterkunft/Übernachtung
Einkehr/Verpflegung
Seilbahn
Zufahrt mit Auto möglich
Bus
Öffnungszeiten/Gehzeit
Strecke
Höhenmeter im Aufstieg
Höhenmeter im Abstieg
Parkplatz

BILDNACHWEIS

Umschlagbild: Mitterkaser, Pfossental, Foto: stock.adobe.com/Uwe
IDM Südtirol/Alex Filz: S. 15, 20/21
Mayer, Evelyne: S. 13, 41, 68, 69, 86
Riegler, Hannes: S. 11, 30, 54, 62/63, 71
Schwarz, Andreas: S. 64
stock.adobe.com/Manuel Schönfeld: S. 24/25
Verlag Athesia Tappeiner/Alex Filz: S. 6
www.meranerland.org: S. 16, 31, 36, 37, 45, 75, 83, 87, 88, 92, 93, 94
Alle übrigen Fotos stammen von Oswald Stimpfl.

2., aktualisierte Auflage 2019
© Folio Verlag, Wien – Bozen
Lektorat: Joe Rabl
Grafik: no.parking, Vicenza
Satz und Druckvorstufe: Typoplus, Frangart
Kartografie: mapgraphic, Eppan
Printed in Italy
ISBN 978-3-85256-785-3
www.folioverlag.com

Inhalt

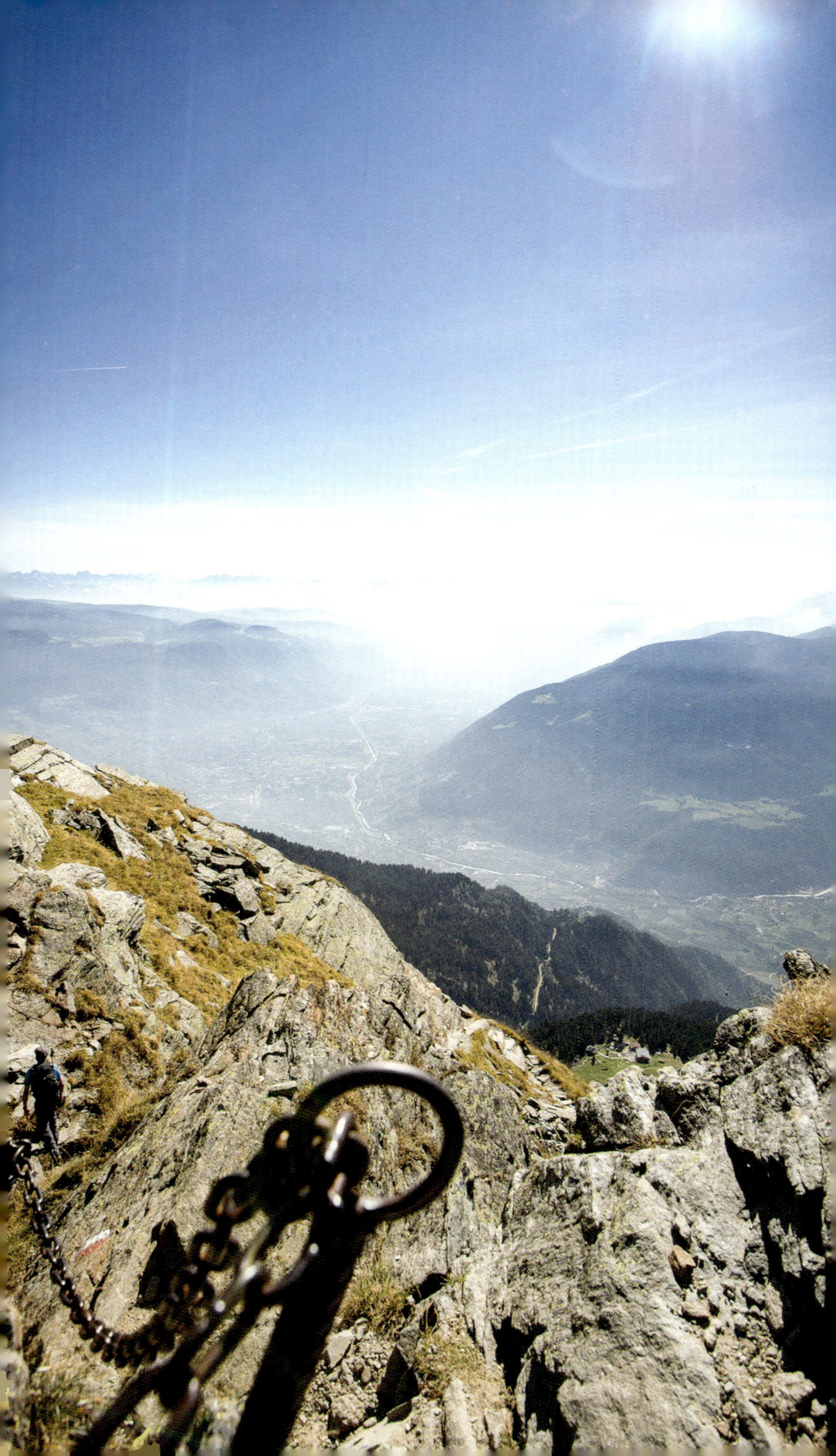

Vorwort

Dieser kompakte Führer zum beliebtesten, bekanntesten und meistbegangenen Höhenweg in Südtirol soll Ihnen die eigenständige Vorbereitung erleichtern, Ihnen aber auch unterwegs als leichtgewichtiger Begleiter gute Dienste tun.
Der Meraner Höhenweg gilt als eine der schönsten Rundwanderrouten im Alpenraum. Er bietet spektakuläre Ausblicke und führt durch verschiedene Vegetations- und Klimabereiche im zentralen Teil des Naturparks Texelgruppe: von den sonnenexponierten Südflanken der Berge im Rücken Merans bis zum hochalpinen Bereich der südlichen Ötztaler Alpen mit ihren Gletschern und Dreitausendern.
Die gesamte Runde ist rund 92 km lang, Bergläufer schaffen das in 3–4 Tagen, ambitionierte Alpinisten in 5–6 Tagen; wer es hingegen gemütlicher angehen will, wählt Tagesetappen von 10–12 km Länge mit jeweils einer reinen Gehzeit von 3–4 Stunden. In diesem Fall sind Sie 7–8 Tage unterwegs und haben alle Zeit, unterwegs einzukehren, Fotos zu schießen oder einfach das Panorama, die Sonne und die Naturschönheiten zu genießen.
Ein unschätzbarer Vorzug des Meraner Höhenwegs ist, dass er als Rundweg an mehreren Stellen begonnen und damit natürlich auch unterbrochen werden kann.
Die durchgängig mit der Nr. 24 markierte Strecke verläuft auf relativ gleichbleibender Höhe (um 1500 m), nur zur Stettiner Hütte geht es auf knapp 2900 m hinauf. Die Runde ist von jedem gehgewohnten Wanderer bewältigbar, der mittlere Kondition und geeignetes, festes Schuhwerk besitzt; die wenigen exponierten Stellen sind durch Ketten, Seile oder Geländer gesichert, Steilstücke durch Stufen entschärft. Trotzdem ist Trittsicherheit und an manchen Stellen Schwindelfreiheit und Vorsicht geboten: Neben dem Weg kann es mitunter sehr steil abfallen. Ich möchte aber niemandem Angst einjagen: Auch auf den Treppen eines Wohnhauses kann man schließlich ausrutschen! Packen wir also den Rucksack und machen uns auf den Weg zu einem außergewöhnlichen Bergerlebnis!

Oswald Stimpfl

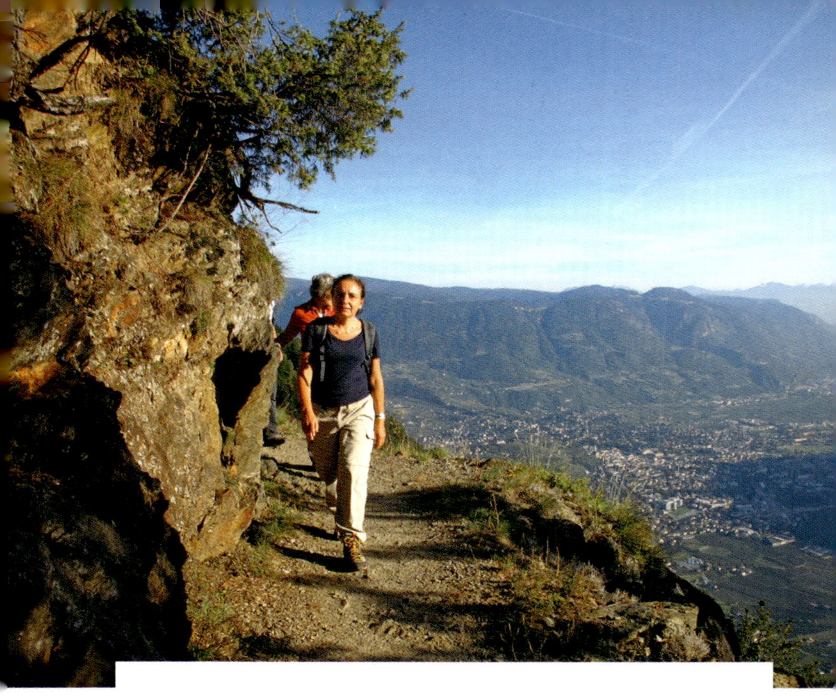

FAQ und nützliche Infos

Wie lang ist der Höhenweg insgesamt?
Rund 92 km.

Wie hoch geht es hinauf?
Der höchste Punkt ist mit 2895 m das Eisjöchl, der tiefste mit 780 m beim Kalmbach im Passeiertal. Insgesamt geht es rund 4850 Höhenmeter bergauf und bergab.

Wann ist die beste Jahreszeit für die Begehung?
Wer den gesamten Rundweg macht, sollte erst starten, wenn die Wege auf dem Nordteil, nach der Stettiner Hütte, schneefrei sind, üblicherweise ist das zwischen Mitte Juni und Mitte Oktober. Die südlichen sonnenexponierten Abschnitte sind häufig ab April begehbar. Niemand weiß darüber besser Bescheid als die Wirte entlang der Strecke, Anruf genügt!

Ist der Weg durchgängig markiert?
Ja, mit der Nummer 24. Bleiben Sie auf den markierten Wegen: Nehmen Sie keine nicht ausgeschilderten Abkürzungen oder Nebenwege.

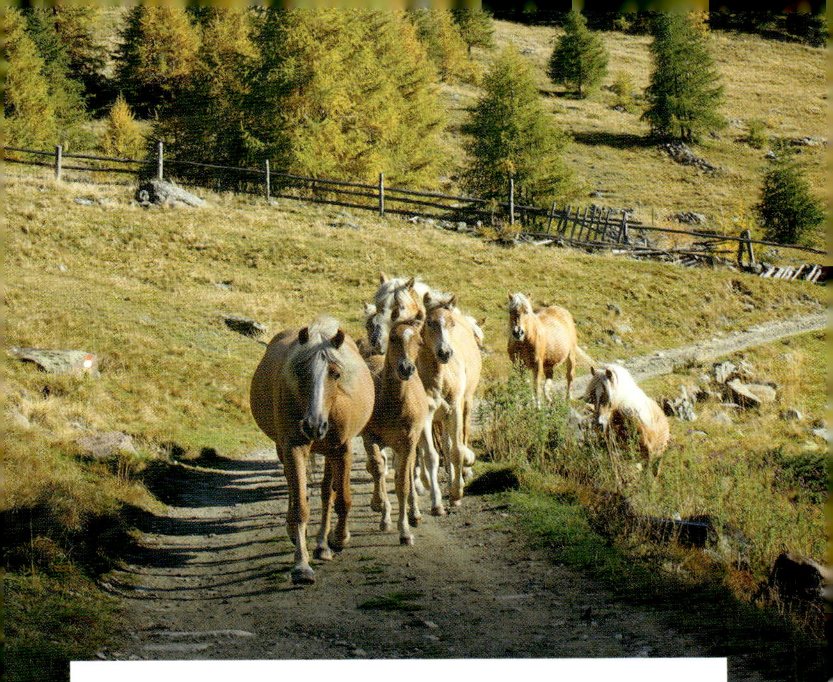

Muss ich schwindelfrei sein?
Der Höhenweg führt stellenweise durch ausgesetztes, steiles und felsiges Gelände. Alle entsprechenden Passagen sind mit Geländern, Stufen, Seilen, Ketten, Brücken und Treppen versehen, somit gesichert und entschärft. Nichtsdestotrotz: Wem auf dem Balkon im fünften Stock schwindelt, dem wird auch auf manchen Wegabschnitten mulmig werden.

Wie viele Tage benötige ich für die gesamte Strecke?
Das hängt von Ihrer Kondition ab. Um Ihnen eine individuelle Planung zu ermöglichen, ist in diesem Führer der gesamte Höhenweg in zwölf Abschnitte eingeteilt, und zwar unter Angabe der jeweiligen Gehzeiten und Höhenleistungen sowie mit Übernachtungsmöglichkeiten am jeweiligen Abschnittsende. Es liegt nun an Ihnen, ob Sie sich als Tagesetappe einen oder mehrere dieser Abschnitte vornehmen. Tagesetappen mit einer reinen Gehzeit von 5–6 Stunden, 14–18 km Länge und 600–800 Höhenmeter im Aufstieg sollten für gehgewohnte Wanderer kein Problem sein. Vorschläge für 5-, 6-, 7- und 8-Tages-Touren finden Sie in der hinteren Umschlagklappe.

Tipp: Wenn Sie am Anreisetag starten, wählen Sie eine kurze Halbtagesetappe zum Einlaufen, beispielsweise mit Start in Naturns; Sie stellen Ihr Auto am kostenlosen Parkplatz an der Talstation der Seilbahn Unterstell ab oder kommen mit Bahn und Bus an; dann fahren Sie

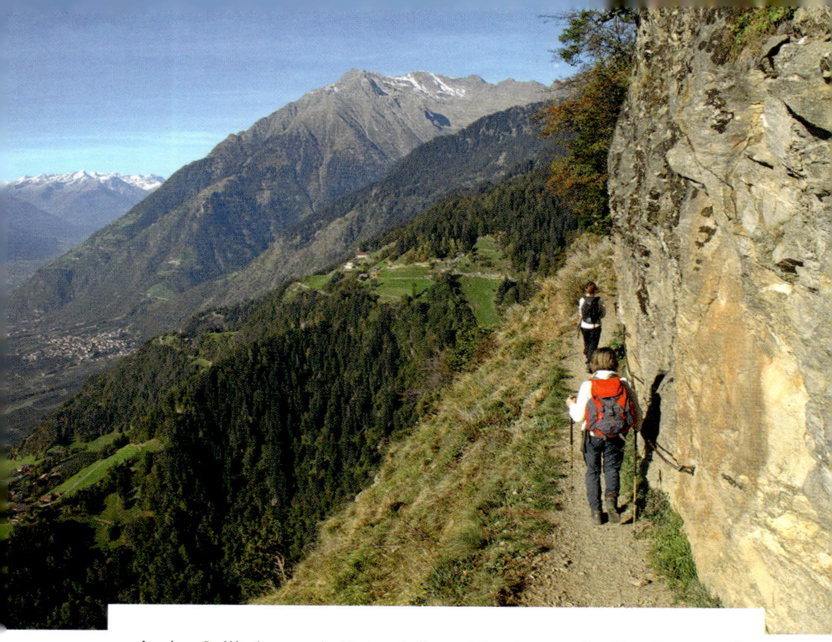

Hans-Frieden-Weg

mit der Seilbahn nach Unterstell und beginnen die Wanderung mit dem Abschnitt D–E, Unterstell–Katharinaberg: Das sind rund 5 km und knapp 2 Stunden Gehzeit. In Katharinaberg gibt es eine gute Auswahl an Übernachtungsmöglichkeiten. Am nächsten Tag geht es mit längeren Tagesetappen weiter.

Wo soll ich den Höhenweg am besten beginnen?
Ein unschätzbarer Vorzug des Meraner Höhenwegs ist, dass er als Rundweg an mehreren Stellen begonnen werden kann. Auch wenn dieser Führer als Einstieg die Bergstation der Hochmuth-Seilbahn wählt, führt er dennoch zu Beginn der meisten Abschnitte an (Ausnahmen sind das Hochganghaus, der Eishof und die Stettiner Hütte, die alle nur zu Fuß erreichbar sind), wie man dorthin mit öffentlichem Bus, mit Seilbahn oder dem eigenen Auto bzw. Taxi kommt, um loszulegen. Sie können somit Ihre Wanderung beispielsweise auch an der Seilbahnbergstation Giggelberg (siehe S. 35 ff.) oder am Parkplatz in Pfelders (siehe S. 72 ff.) beginnen.
Abgesehen davon sind die meisten der beschriebenen Unterkünfte ebenfalls mit Bus, Seilbahn oder Auto erreichbar.

Wo kann ich mein Auto parken?
An den Talstationen der Seilbahnen sind große Parkplätze eingerichtet, jener von Hochmuth ist teilweise überdacht (gebührenpflichtig, nur begrenzte Kapazität), in Katharinaberg sind im Dorf freie Parkplätze ausgewiesen. Die meisten Beherbergungsbetriebe entlang der

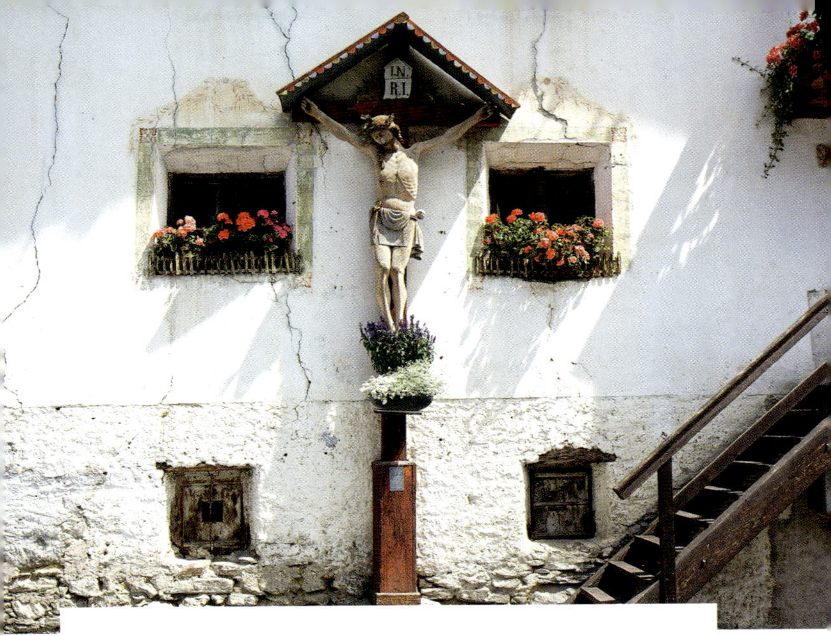

Katharinaberg

Strecke (bis auf wenige Ausnahmen) sind mit Auto erreichbar und stellen Übernachtungsgästen nach vorheriger Anfrage für mehrere Tage einen kostenlosen Parkplatz zur Verfügung.

Erreiche ich den Höhenweg auch mit öffentlichen Verkehrsmitteln?
Ja, siehe dazu die Übersicht in der hinteren Umschlagklappe und die entsprechenden Hinweise am Beginn der Abschnitte. Einige Gastgeber holen Sie nach Vereinbarung sogar an der Bushaltestelle ab.

Kann ich die Tour unterwegs unterbrechen?
So wie der Rundweg an mehreren Stellen begonnen, kann er auch an mehreren Stellen unterbrochen werden. Die entsprechenden Möglichkeiten sind jeweils am Ende der Abschnittsbeschreibungen angeführt. Die meisten beschriebenen Unterkünfte und Gasthöfe sind ebenfalls mit Bus, Seilbahn oder Auto erreichbar. Das heißt, im Falle eines Schlechtwettereinbruchs oder eines anderen Problems sind Sie von dort rasch wieder zurück in der „Zivilisation“.

Kann ich auch nur einzelne Abschnitte des Höhenwegs machen?
Ja! Siehe dazu den Verweis „Als Tagesausflug“ am Ende der Abschnittsbeschreibungen. Im Frühsommer sind die Abschnitte im Passeiertal (Christl–Vernuer) und am Sonnenberg (Hochmuth–Katharinaberg) besonders lohnend, im Spätherbst, solange noch kein Schnee liegt, zeigt sich die Landschaft in prächtigen Herbstfarben.

TOURISMUSORGANISATIONEN RUND UM DEN MERANER HÖHENWEG

Kurverwaltung Meran (für das Stadtgebiet Meran)
Freiheitsstraße 45, Meran, Tel. 0473 272000, www.meran.eu

Tourismusverein Dorf Tirol
Hauptstraße 31, Dorf Tirol, Tel. 0473 923314, www.dorf-tirol.it

Tourismusbüro Algund
Hans-Gamper-Platz 3, Algund, Tel. 0473 448600, www.algund.info

Tourismusverein Partschins, Rabland und Töll
Spaureggstraße 10, Partschins, Tel. 0473 967157, www.partschins.com

Tourismusverein Naturns
Rathausstraße 1, Naturns, Tel. 0473 666077, www.naturns.it

Tourismusverein Schnalstal
Karthaus 42, Schnalstal, Tel. 0473 679148, www.schnalstal.it

Tourismusverein Passeiertal
Passeirerstraße 40, St. Leonhard in Passeier, Tel. 0473 656188, www.passeiertal.it

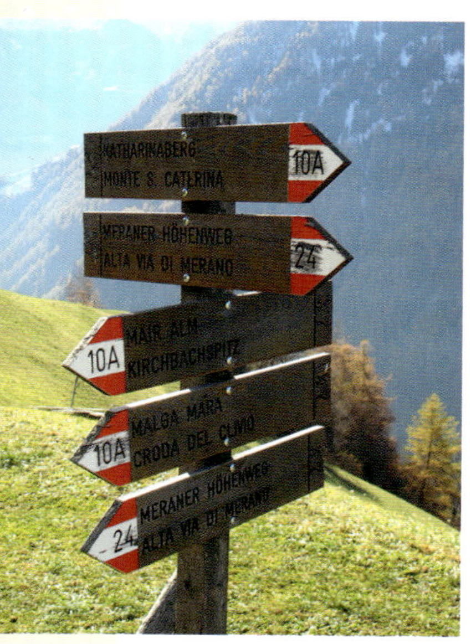

Mit mehreren Infobüros in den einzelnen Ortschaften:

Infobüro Pfelders
Pfelders 11, Moos,
Tel. 0473 646792,
www.pfelders.info

Infobüro Moos in Passeier
Dorf 78, Moos,
Tel. 0473 643558,
www.passeiertal.it

Infobüro St. Martin in Passeier
Jaufenstraße 7, St. Martin,
Tel. 0473 641210,
www.passeiertal.it

Infobüro Riffian-Kuens
Jaufenstraße 50, Riffian,
Tel. 0473 241076,
www.passeiertal.it

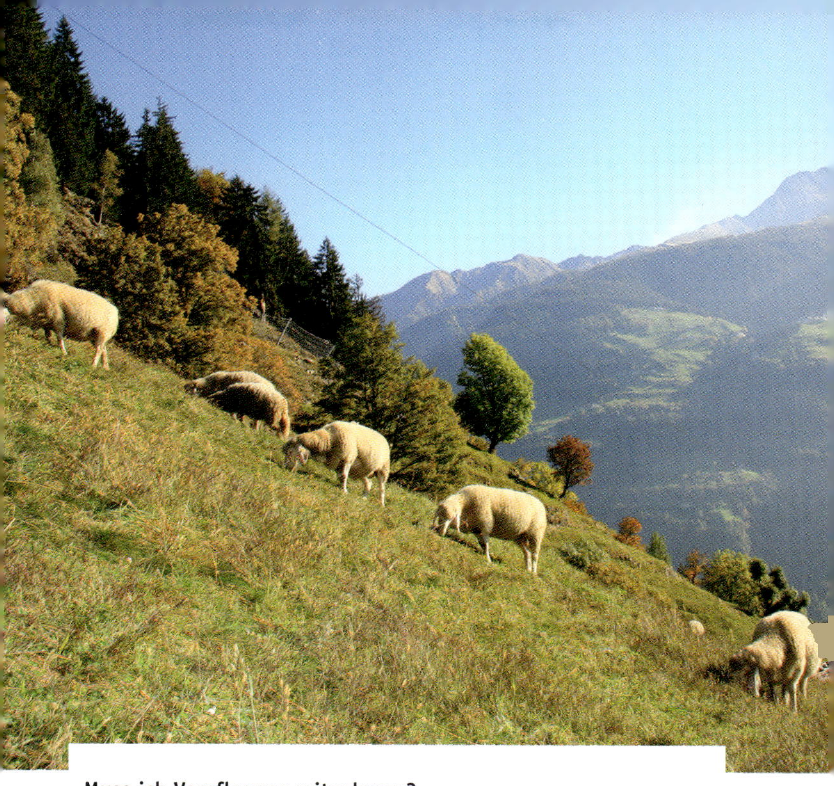

Muss ich Verpflegung mitnehmen?
Der Meraner Höhenweg bietet unterwegs nicht nur viele Übernachtungs-, sondern auch unzählige gute Einkehr- und Verpflegungsmöglichkeiten. Sie brauchen also keinen Proviant mitzuschleppen, nur etwas zum Trinken. An vielen Stellen gibt es Ruhebänke, oft auch Tische, ideal für eine kleine Stärkung zwischendurch. Ihre Gastgeber versorgen Sie gerne mit einem Lunchpaket.

Wo kann ich übernachten?
Die im Folgenden beschriebenen zwölf Abschnitte sind so gewählt, dass es an deren Ende Übernachtungsmöglichkeiten gibt oder Seilbahnen zu Unterkünften im Tal. Wenn Sie in der Hochsaison (Juli, August) unterwegs sind, sollten Sie vorab reservieren. Falls alle hier angeführten Betriebe ausgebucht sein sollten, kontaktieren Sie das nächste Tourismusbüro, es wird Ihnen bei der Zimmersuche behilflich sein. Kontaktdaten in der nebenstehenden Infobox.

Muss ich einen Schlafsack dabeihaben?
Nur im Hochganghaus und in der Stettiner Hütte ist ein Hüttenschlafsack nötig, sonst wird in der Regel Bettwäsche gestellt.

Was soll in meinen Rucksack?
Einen detaillierten Vorschlag, was Sie auf Ihrer Mehrtageswanderung mitnehmen sollten, ohne sich ungehörig zu belasten, finden Sie auf den Seiten 17–18.

Wo kann ich mich über Wetterverhältnisse und Wegzustand informieren?
Eine verlässliche Wettervorhersage liefert der Wetterdienst der Autonomen Provinz Bozen – Südtirol: www.provinz.bz.it/wetter. Den Wegzustand (ob schneefrei usw.) kennen die Gastwirte entlang der Strecke (Adressen am Ende der jeweiligen Abschnittsbeschreibungen) und die Tourismusvereine.

Wie kann ich in den Bergen Hilfe holen?
Über die Landesnotrufzentrale: Tel. 118. Sie werden von dort an Bergrettung, Polizei oder Feuerwehr weitergeleitet. Die Nummer wird voraussichtlich 2017 von der internationalen Notrufnummer 112 ersetzt.

Kann ich meinen Hund mitnehmen?
In vielen Gasthöfen ist das möglich, aber bitte vorher abklären, ob Ihr Vierbeiner willkommen ist. Sie sind teilweise im Naturpark Texelgruppe unterwegs, deshalb herrscht strenge Leinenpflicht.

Kann ich unterwegs mit Karte bezahlen?
Nicht alle Gasthäuser akzeptieren Kredit- und Scheckkarten, meist aufgrund schlechter Telefonverbindungen. Nehmen Sie deshalb ausreichend Bargeld mit. In größeren Ortschaften wie Dorf Tirol, Naturns oder Pfelders gibt es Geldautomaten.

Seit wann besteht der Höhenweg?
Der Meraner Höhenweg wurde am 30. Juni 1985 nach rund zehnjähriger Bauzeit offiziell eröffnet. Helmuth Ellmenreich, Vorsitzender des Alpenvereins Meran, und Robert Schönweger als Wegewart waren damals die treibenden, hartnäckigen und engagierten Kräfte. Sie wurden von Bauern, Gastwirten und lokalen Tourismusverantwortlichen mit Rat und Tat unterstützt.

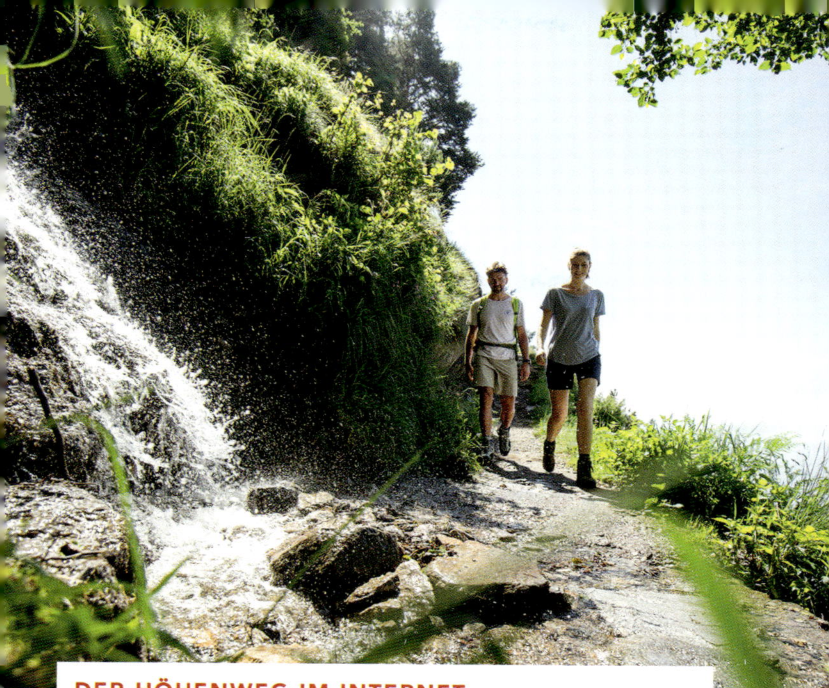

DER HÖHENWEG IM INTERNET

www.merano-suedtirol.it
Die von der offiziellen Tourismusorganisation betriebene Website bietet unter dem Schlagwort „Meraner Höhenweg" eine Fülle von Informationen, insbesondere zu Unterkünften und Taxis, sowie ein grafisches Höhenprofil des Wegs.

Die IDM Südtirol – Alto Adige betreut den Facebookauftritt des Höhenwegs:
www.facebook.com/meraner.hoehenweg

www.meraner-hoehenweg.com
Private Homepage, schönes Bildmaterial, gute Tipps zur Etappeneinteilung, unvollständiges Gastgeberverzeichnis.

www.meranerland.org
(Freizeit & aktiv / Berge & Wandern / Meraner Höhenweg) Gute Beschreibungen und Einteilung der einzelnen Etappen, anschauliche Fotos.

www.hoehenweg.meran.info
Private, gute und informative Website, nützliche Links.

www.alpenvereinaktiv.com
Gemeinsames Tourenportal von Deutschem Alpenverein (DAV), Österreichischem Alpenverein (ÖAV) und Alpenverein Südtirol (AVS). Enthält Beschreibungen des gesamten Rundwegs und einzelner Etappen. Sehr gute Online-Wanderkarte zur Berechnung von Wegstrecken, mit Höhenprofil und Gehzeiten.

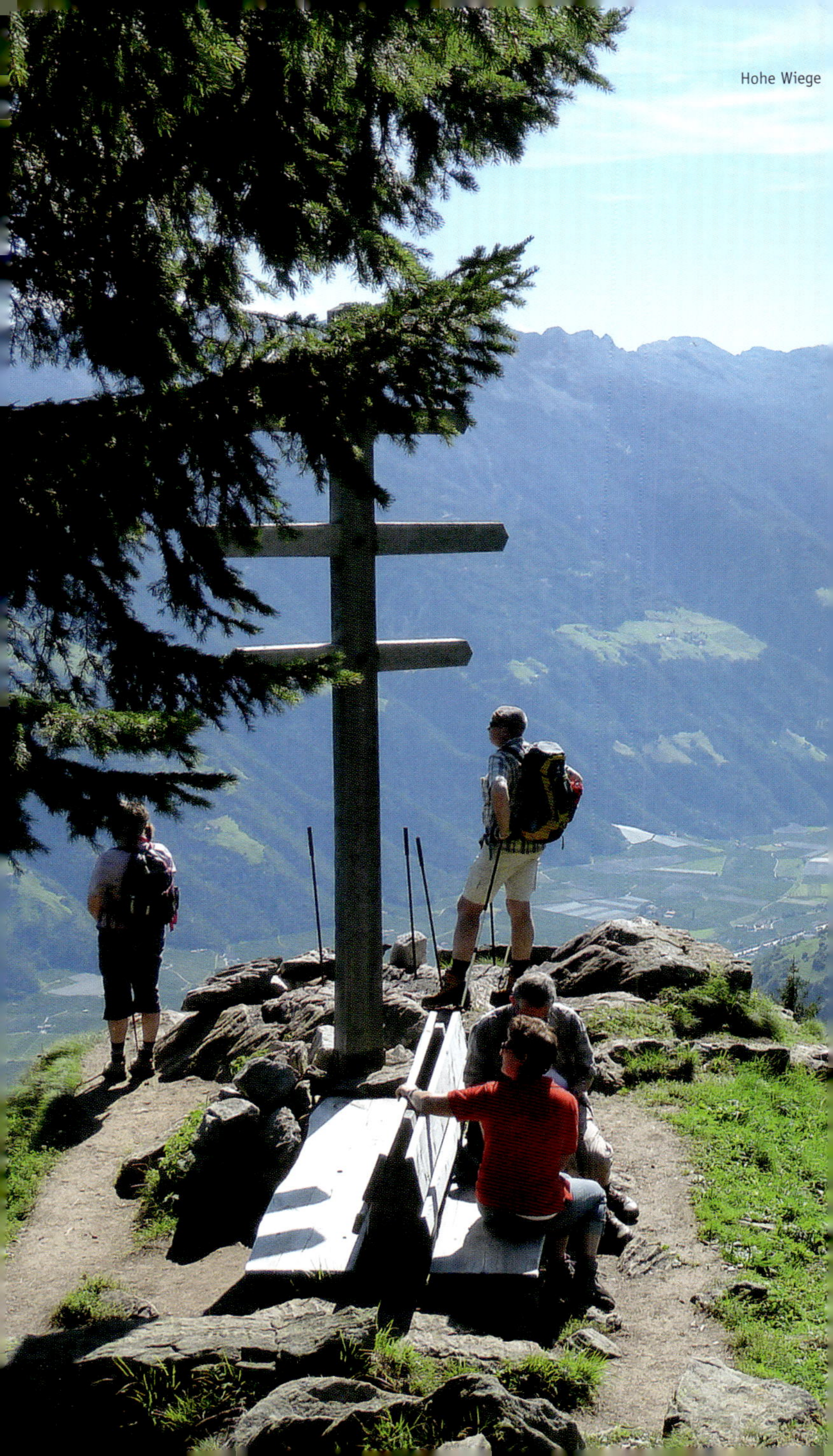

Hohe Wiege

Packliste und Tipps

KLEIDUNG

- ○ hohe, eingelaufene Bergschuhe
- ○ lange Berghose/Zip-off-Wanderhose
- ○ Funktionsunterwäsche, möglichst Merinoshirt (geruchsarm)
- ○ Fleecejacke
- ○ Wind- bzw. Regenjacke
- ○ zwei Paar Wandersocken
- ○ Hüttenschuhe bzw. Sandalen
- ○ Sonnenschutz/Kopfbedeckung
- ○ Wollmütze, Fleecehandschuhe – nach einem Wettersturz oder Hagel kann es sehr kalt werden, im Hochgebirge ist auch im Sommer Schnee möglich.
- ○ bequeme Jogginghose o. Ä. für die Hütte

AUSRÜSTUNG

- ○ Hüttenschlafsack
- ○ Sonnenbrille
- ○ leichte, faltbare Wanderstöcke
- ○ Rucksack mit ausreichend Stauraum (35–40 Liter) und Regenhülle – Achtung: Ein zu großer Rucksack verleitet dazu, zu viel Gepäck mitzunehmen!
- ○ Ohrstöpsel gegen Schnarcher und Unruhe im Hüttenlager
- ○ Waschbeutel mit Zahnbürste, Zahnpasta, kleine Seife/Duschgel, Waschmittel aus der Tube o. Ä.
- ○ Mikrofaserhandtuch (klein)
- ○ Taschenlampe/Stirnlampe
- ○ Beutel für Abfall/schmutzige Wäsche
- ○ Trinkflasche, mind. 1 Liter
- ○ Blasenpflaster, kleine Reiseapotheke
- ○ Sonnenschutzcreme
- ○ Taschentücher
- ○ Mobiltelefon und Ladegerät
- ○ Fotoausrüstung, Speicherkarte, Ersatzakku, Ladegerät
- ○ Taschenmesser
- ○ Personalausweis
- ○ Bargeld
- ✓ diesen rucksacktauglichen Wanderführer

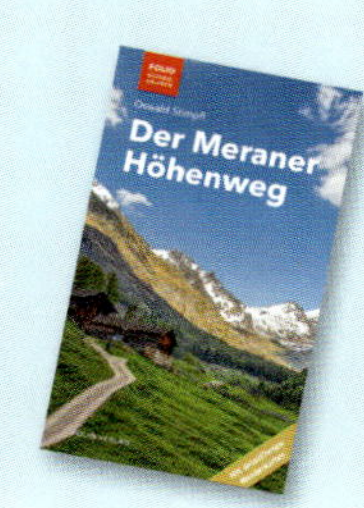

PLATZ UND GEWICHT SPAREN!

- Wenig Wäsche und Socken mitnehmen, man kann seine Wäsche (fast) immer zumindest notdürftig auswaschen. Nicht mit neuen, noch nicht eingelaufenen Bergschuhen oder neuen Kleidern auf die Tour gehen, Blasen an den Füßen bzw. Scheuerstellen schlecht verarbeiteter Kleidernähte sind unangenehm.
- Das Gewicht des Rucksacks sollte bei 8–10 kg liegen, nicht eingerechnet die Kleidung, die Sie am Leib tragen.
- Das Gewicht des Rucksacks sollte nicht auf den Schultern, sondern auf dem straff gezogenen Hüftgurt liegen. Ein gut gepackter Rucksack trägt sich leichter.

AUF ORDNUNG IM RUCKSACK ACHTEN!

Richtig packen, die unterschiedlichen Fächer im Rucksack haben ihren Sinn, nutzen Sie diese sinnvoll:

- Regenjacke obenauf oder in das separat zugängliche Bodenfach, falls vorhanden;
- Trinkflasche in den seitlichen Netztaschen verstauen;
- gefaltete Stöcke außen mit den entsprechenden Riemen, Gummis oder Klemmen befestigen;
- Wanderkarte, Geldbörse, Mobiltelefon in das Deckelfach;
- Dinge wie Hüttensandalen und Jogginghose, die man nur einmal am Tag (abends in der Unterkunft) braucht, zuunterst.

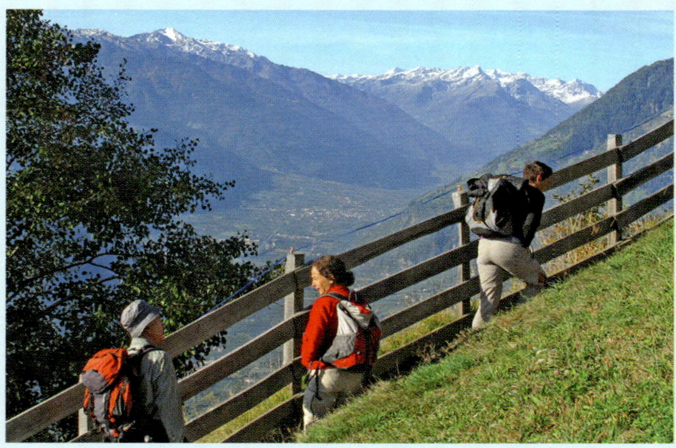

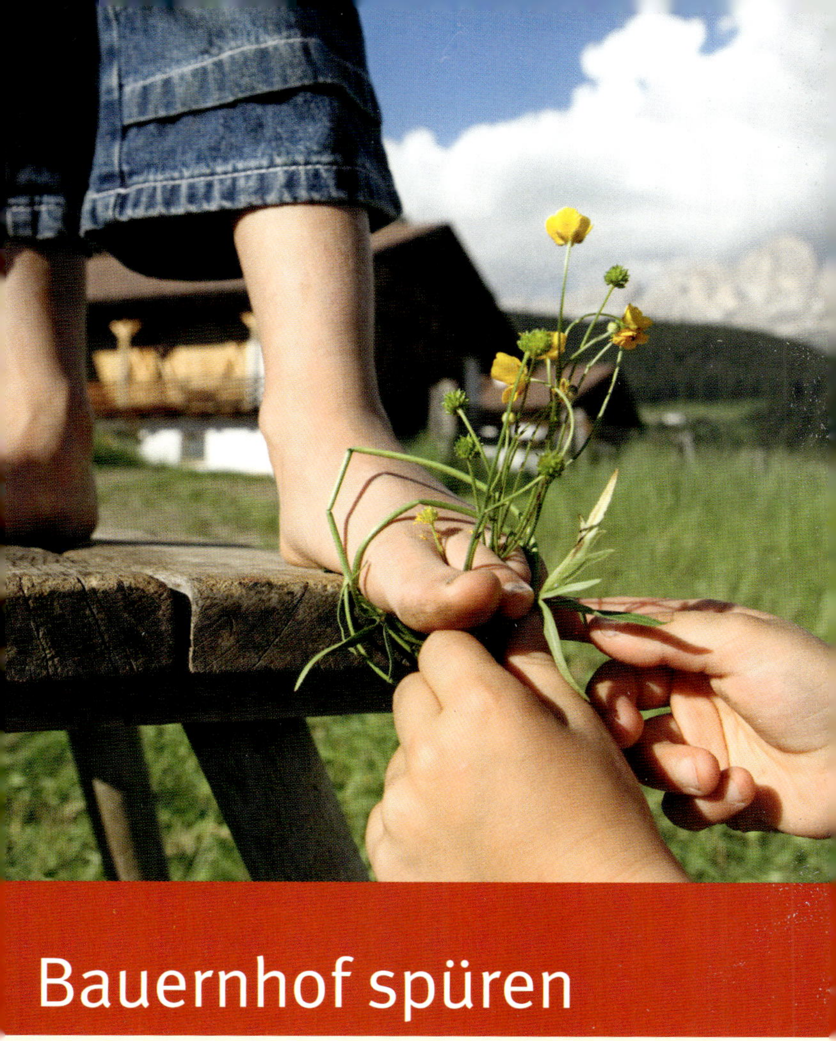

Bauernhof spüren

Urlaub auf dem Bauernhof, köstliche Hausmannskost in gemütlichen Stuben, authentische Qualitätsprodukte vom Bauern sowie hochwertiges bäuerliches Handwerk – die Marke „Roter Hahn" zeigt Ihnen das Beste aus der Welt der Südtiroler Bauernhöfe.

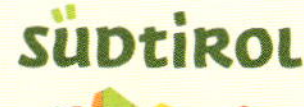

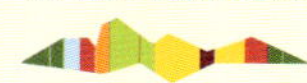

Roter Hahn – Südtiroler Bauernbund
K.-M.-Gamper-Str. 5, 39100 Bozen,
Tel. +39 0471 999 308, info@roterhahn.it, **www.roterhahn.it**

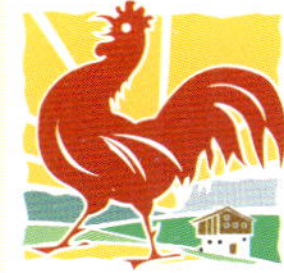

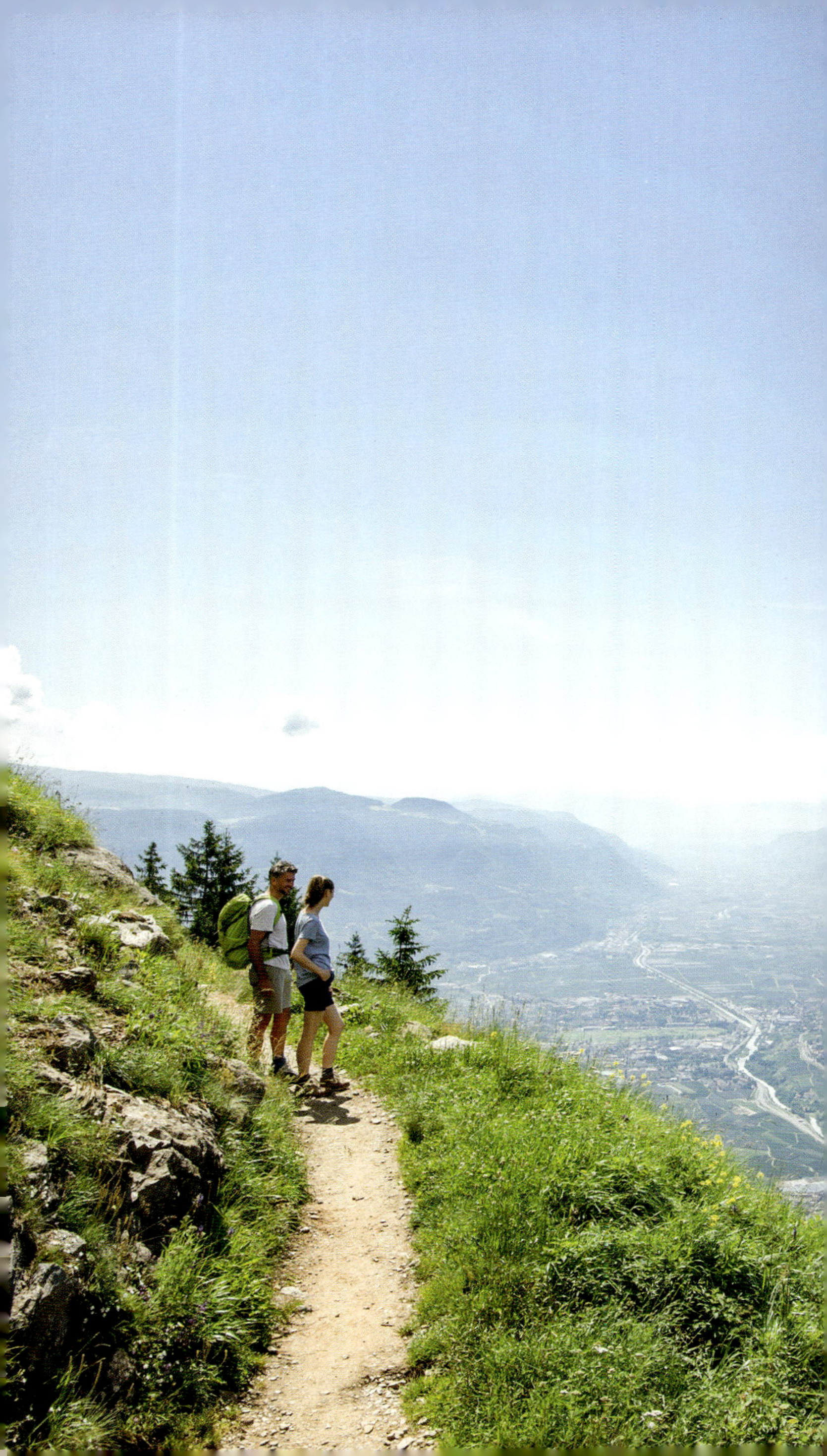

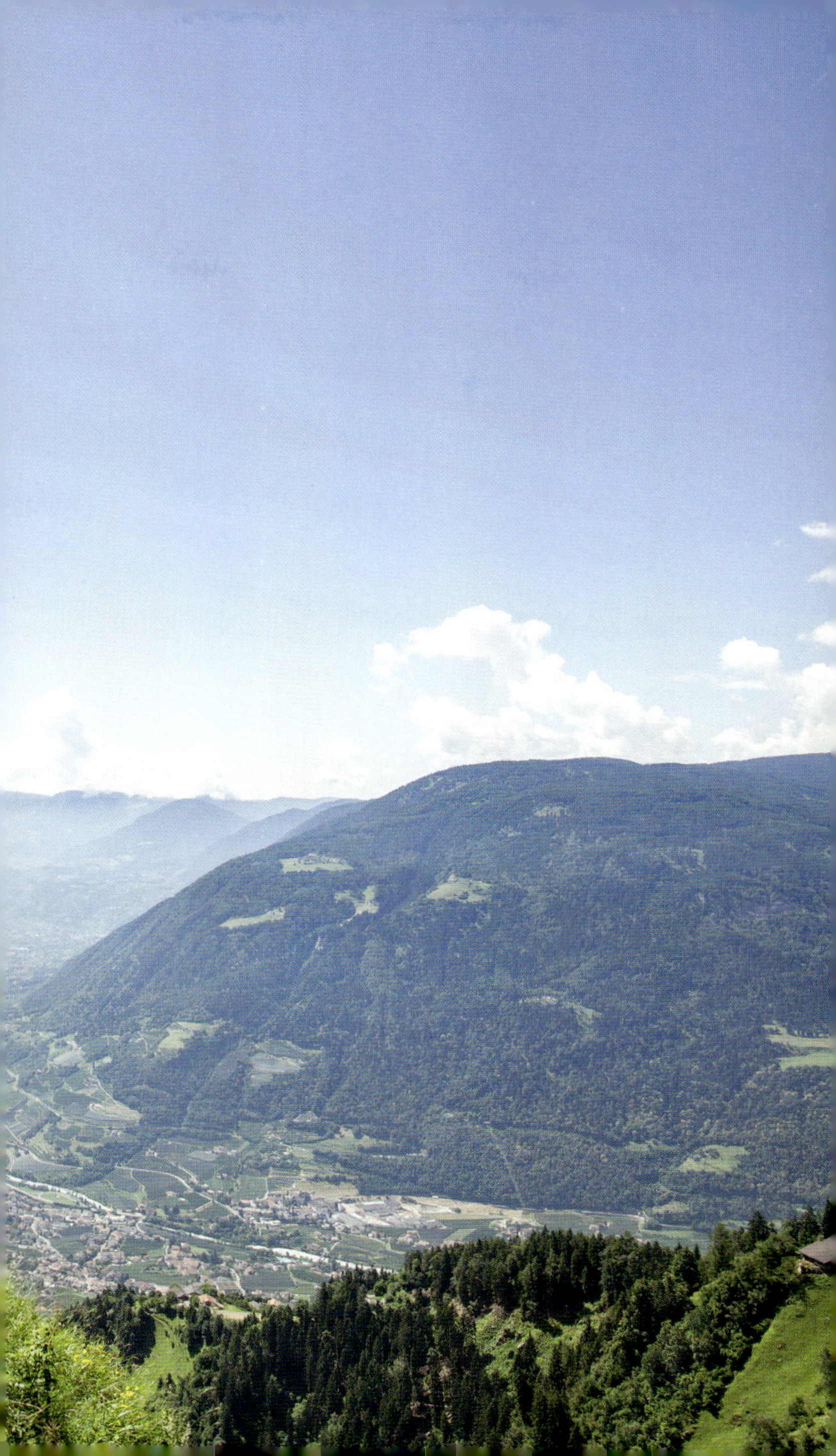

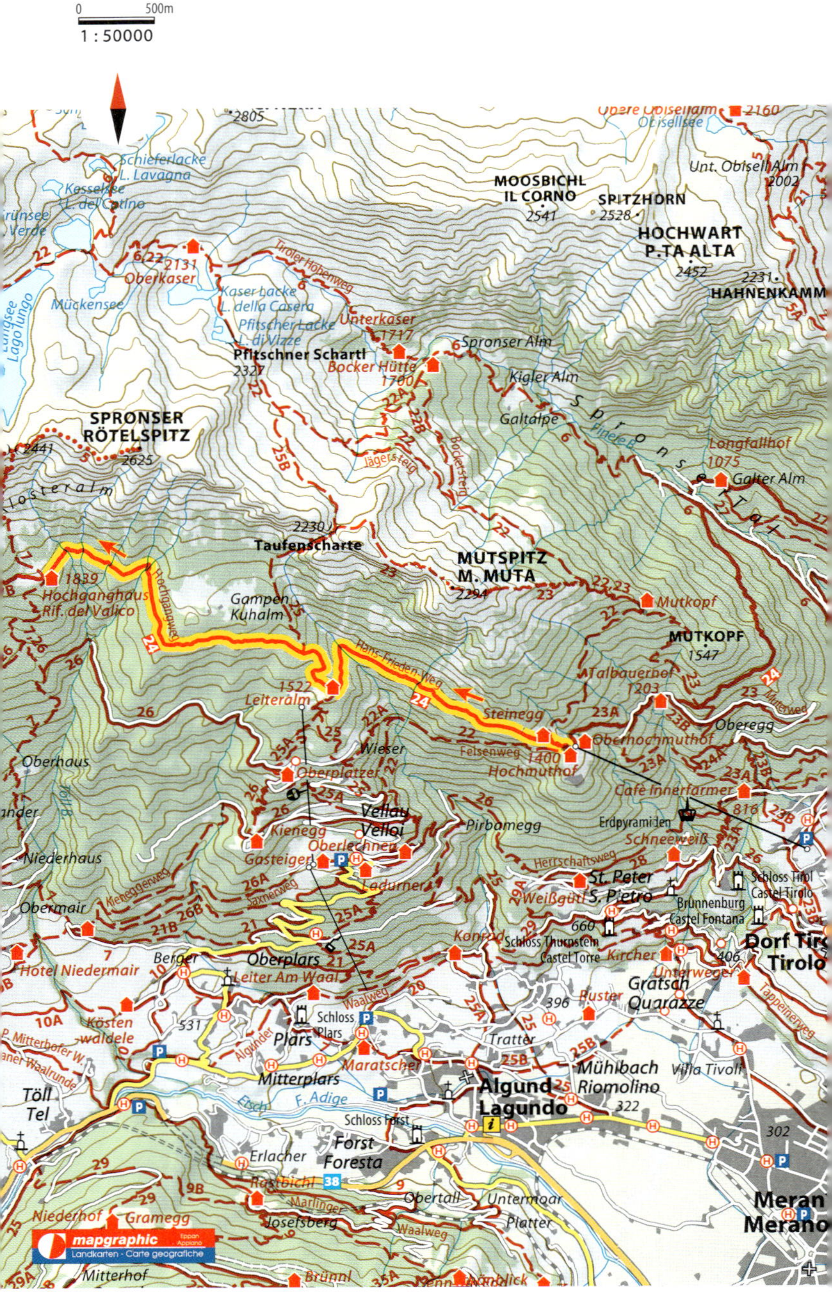

0 500m

1 : 50000

mapgraphic Eppan Appiano
Landkarten - Carte geografiche

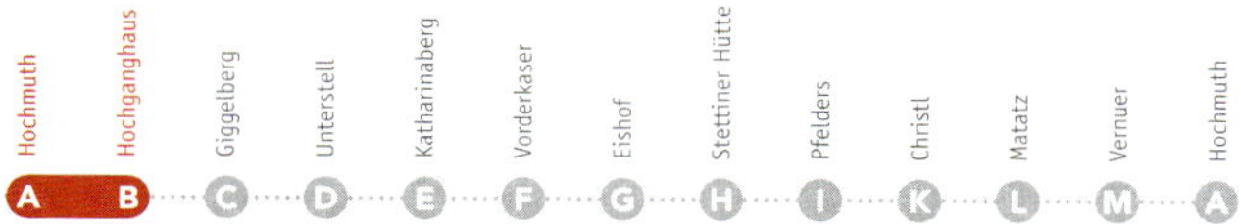

Hochmuth – Hochganghaus

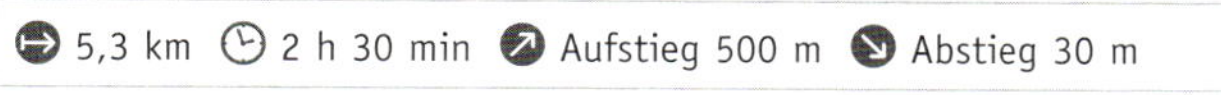

Diese Teilstrecke quert die extrem abschüssigen Südausläufer der Texelgruppe, unterhalb der Mutspitze und des Tschigat. Der erste Teil, der Hans-Frieden-Weg, ist eine der eindrucksvollsten Passagen des gesamten Höhenwegs. Zur Leiteralm bringt ein Korblift Ausflügler von Vellau bzw. Algund, daher sind viele Tagesgäste unterwegs. Im weiteren Verlauf des Wegs, der kontinuierlich ansteigend und hauptsächlich durch Wald bis zum Wiesenplateau des Hochganghauses verläuft, wird es wieder ruhiger.

ZUSTIEG

Hochmuth ist mit einer Seilbahn von Dorf Tirol aus zu erreichen.
Tel. 0473 923480, 339 1388780, www.seilbahn-hochmuth.it.
Die Talstation liegt am nördlichen Ortsrand des Dorfs.
P Ein Tag kostenlos; jeder weitere Tag kostet 7 € (in der Tiefgarage) bzw. 4 € (im Freien).

WEGVERLAUF

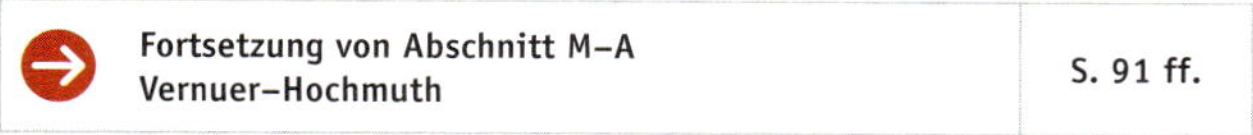

Die ersten zehn Wegminuten vom **Hochmuther** bis zum **Gasthaus Steinegg** (siehe S. 95) geht es steil bergauf, es ist eine richtige Himmelsleiter, 1000 m tiefer liegt uns Meran zu Füßen, dahinter erstreckt sich das breite Etschtal. Dann geht es beinahe eben über den berühmten Hans-Frieden-Weg, der teilweise in den Felshang gehauen wurde, zur Leiteralm. Ketten und Seile geben Sicherheit, der teilweise ausgesetzte Weg ist, im Gegensatz zu vielen Darstellungen, nicht gefährlich, er verlangt allerdings Aufmerksamkeit, insbesondere

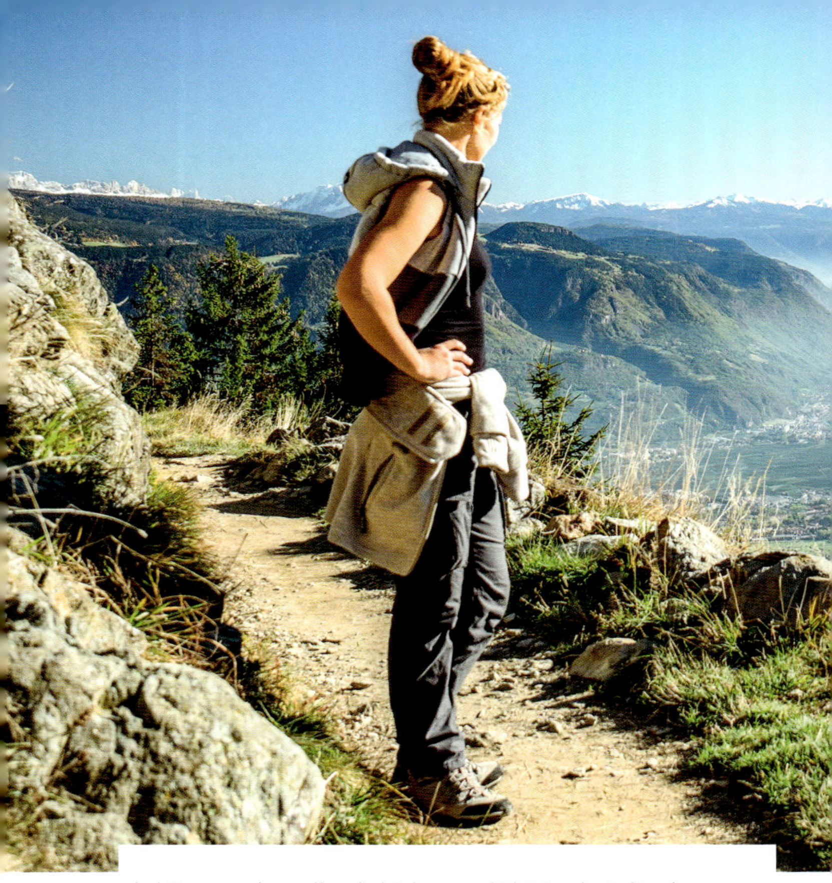

bei Regen und vor allem bei Schnee und Eis! Vor der Leiteralm queren wir einen der vielen Bachgräben auf dem Höhenweg, dann folgt ein kurzer Anstieg und wir schreiten durch das hölzerne Tor beim Gasthaus – ein beliebtes Fotomotiv (bis hierher eine knappe Stunde). Auf der **Leiteralm** (1522 m) ist viel los, hier endet ein Korblift, der viele Tagesgäste aus dem Tal in die Höhe bringt, die die fantastische Aussicht und das bequeme Bergerlebnis genießen.

Hinter der Leiteralm taucht der Steig in einen schattigen, moosigen Fichtenwald ein; er steigt zunächst kräftig an, wird dann flacher, passiert Mauerreste alter Stallungen und quert etliche Tälchen. Über den Stiergraben, wo früher nach Starkregen der Bach und mitgeführtes Geröll immer wieder den Weg unpassierbar machten, führt eine neue 55 m lange Spannbandbrücke. Kurz danach erreichen wir das vor einigen Jahren ganz in Holz neu errichtete **Schutzhaus Hochgang** (1839 m). Gleich daneben steht noch das steingemauerte, denkmalgeschützte, alte Schutzhaus mit dem rostigen Blechdach, ein nostalgischer Anblick. Wir sind am höchsten Punkt des Südabschnitts vom Meraner Höhenweg angekommen.

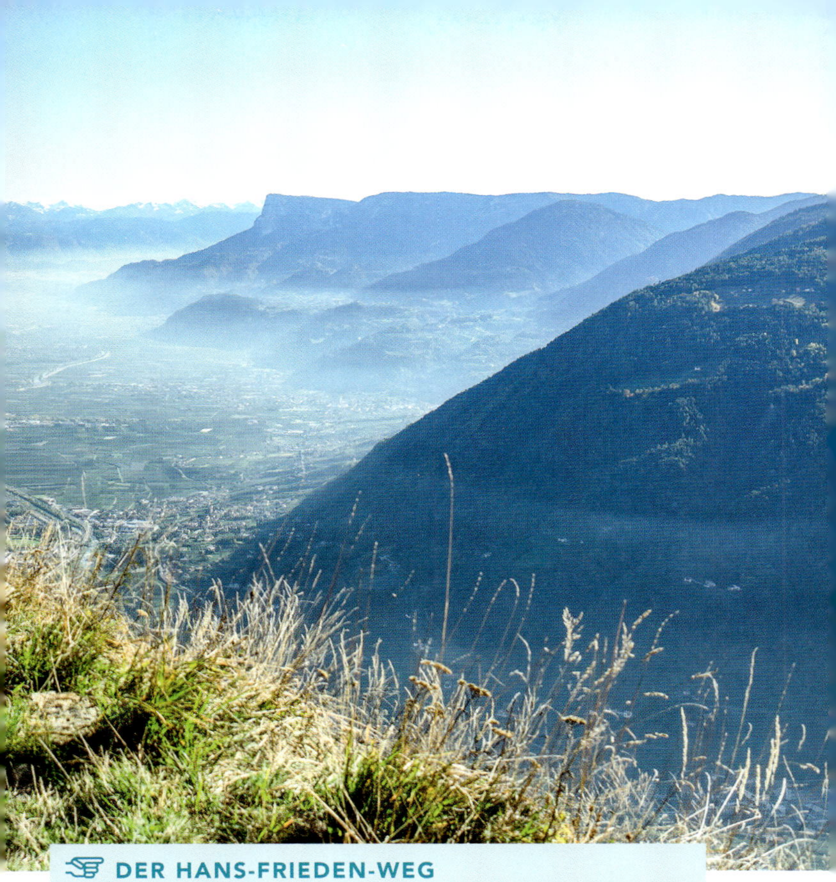

DER HANS-FRIEDEN-WEG

Beim Gasthaus Steinegg ist am Felsen eine Marmortafel angebracht: Sie erinnert an Hans Frieden. Er wurde am 24. Jänner 1875 in Nixdorf, dem heutigen Mikulášovice, in Tschechien geboren, übersiedelte als Jugendlicher nach Meran/Algund und war begeisterter Förderer der Bergsportvereine. Er finanzierte den Bau eines Steigs, der vom Gasthaus Steinegg bis zur Leiteralm führte. Dieser Hans-Frieden-Weg war damals eher ein Klettersteig, etwas für Wagemutige, Abenteurer und Schwindelfreie. Rund dreißig Jahre später wurde der Steig verbreitert, entschärft und an ausgesetzten Stellen mit Seilen und Ketten gesichert. Die 2,5 km lange Strecke wird gern als „Promenade auf 1500 m" bezeichnet. Der Weg wurde 1969 feierlich eingeweiht.

Fortsetzung: Abschnitt B–C
Hochganghaus–Giggelberg **S. 29 ff.**

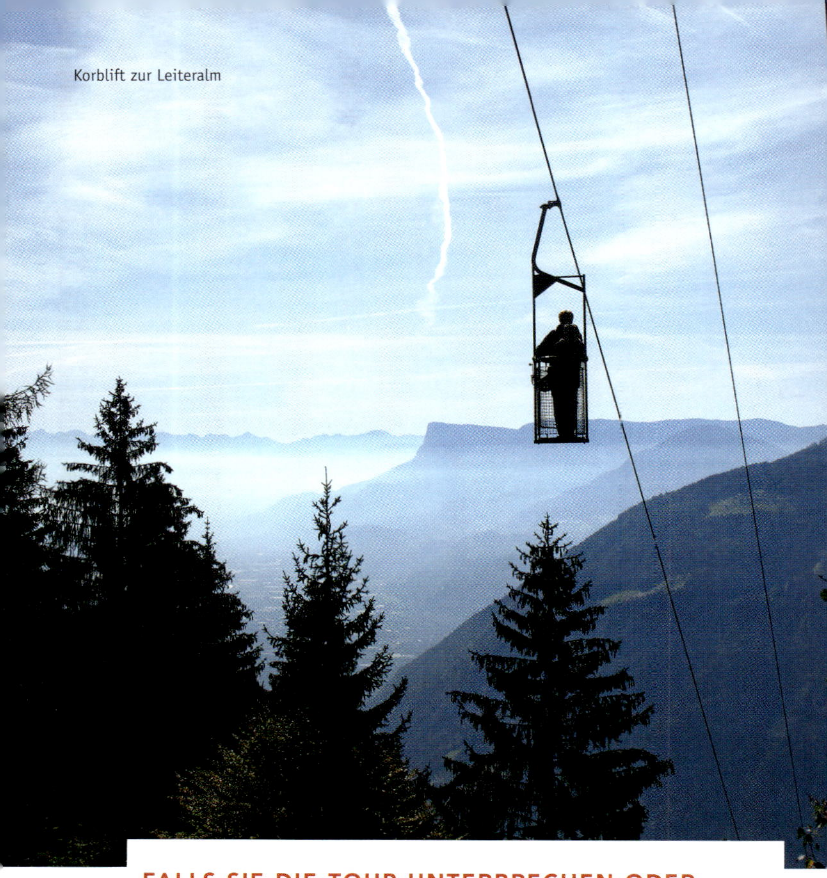
Korblift zur Leiteralm

FALLS SIE DIE TOUR UNTERBRECHEN ODER BEENDEN WOLLEN

Von der Leiteralm bringt Sie ein Korblift hinunter ins Dörfchen Vellau und im Anschluss der Sessellift (Tel. 0473 448532, www.vellau.info/bus.htm) nach Plars/Algund. Dort Bushaltestelle – „Plars (Algund), Sessellift Vellau" – mit Anschluss nach Meran, siehe App „Suedtirol2Go".

ALS TAGESAUSFLUG

Vorzüglich geeigneter Abschnitt für eine Rundwanderung, die an der Bergstation des Sessellifts in Vellau startet: Auf dem Vellauer Felsenweg (Markierung Nr. 22) hinauf zum Hochmuther (1 h 30 min, 450 Höhenmeter) und zum Meraner Höhenweg, dann auf dem Hans-Frieden-Weg weiter zur Leiteralm (Gehzeit ca. 1 h, 180 Höhenmeter). Von dort Abstieg bis Vellau oder mit dem Korblift. Busanschlüsse in Vellau sowie an der Talstation des Sessellifts: „Plars (Algund), Sessellift Vellau", siehe App „Suedtirol2Go".

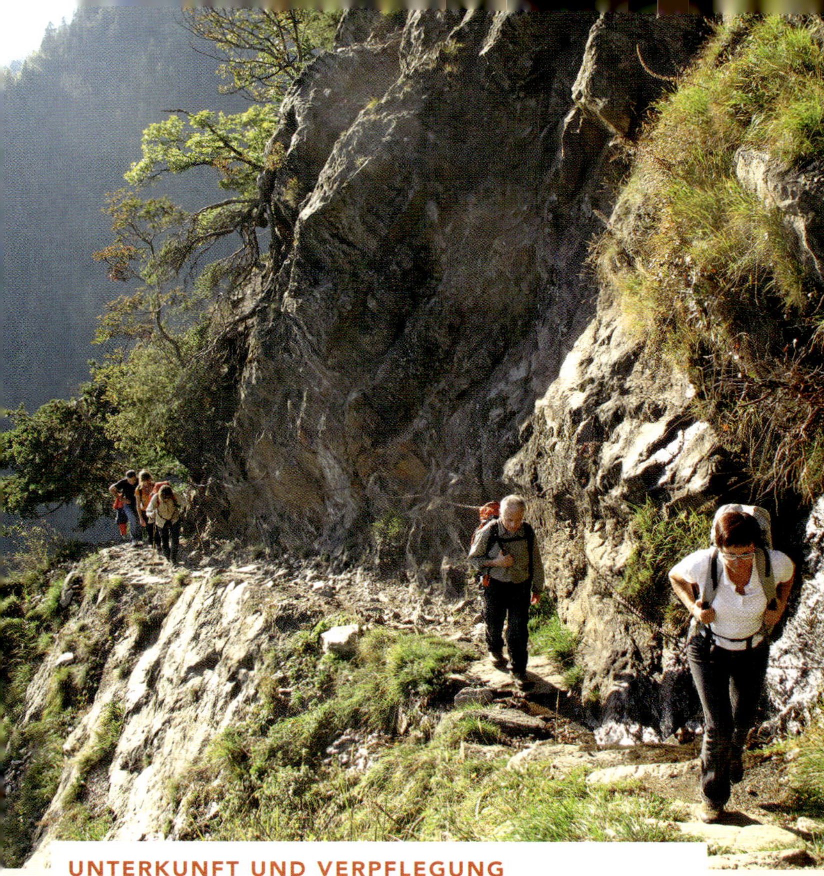

UNTERKUNFT UND VERPFLEGUNG

LEITERALM

Viel besuchtes Ausflugsgasthaus auf 1550 m Höhe nahe der Bergstation des Korblifts, riesige Terrasse mit Panoramablick, gute Hausmannskost.

- Fam. Innerhofer, Vellau/Algund, Tel. 338 3172484, www.leiteralm.com
- Für Tagesgäste
- März–Nov.

SCHUTZHAUS HOCHGANG

Hüttenatmosphäre, einfache Kost, Gemeinschaftsräume, Matratzenlager. Das Hochganghaus ist Ausgangspunkt für die Erwanderung der Spronser Seenplatte, ein anspruchsvolles alpines Ziel in der Texelgruppe. Die Hochgangscharte ist nach einem Aufstieg von 1½ Stunden (600 Höhenmeter) zu erreichen.

- Fam. Erlacher, Partschins, Tel. 0473 443310, www.hochganghaus.it
- Lager und Mehrbettzimmer für 50 Personen. Hüttenschlafsack erforderlich
- Für Haus- und Tagesgäste
- Juni–Okt.

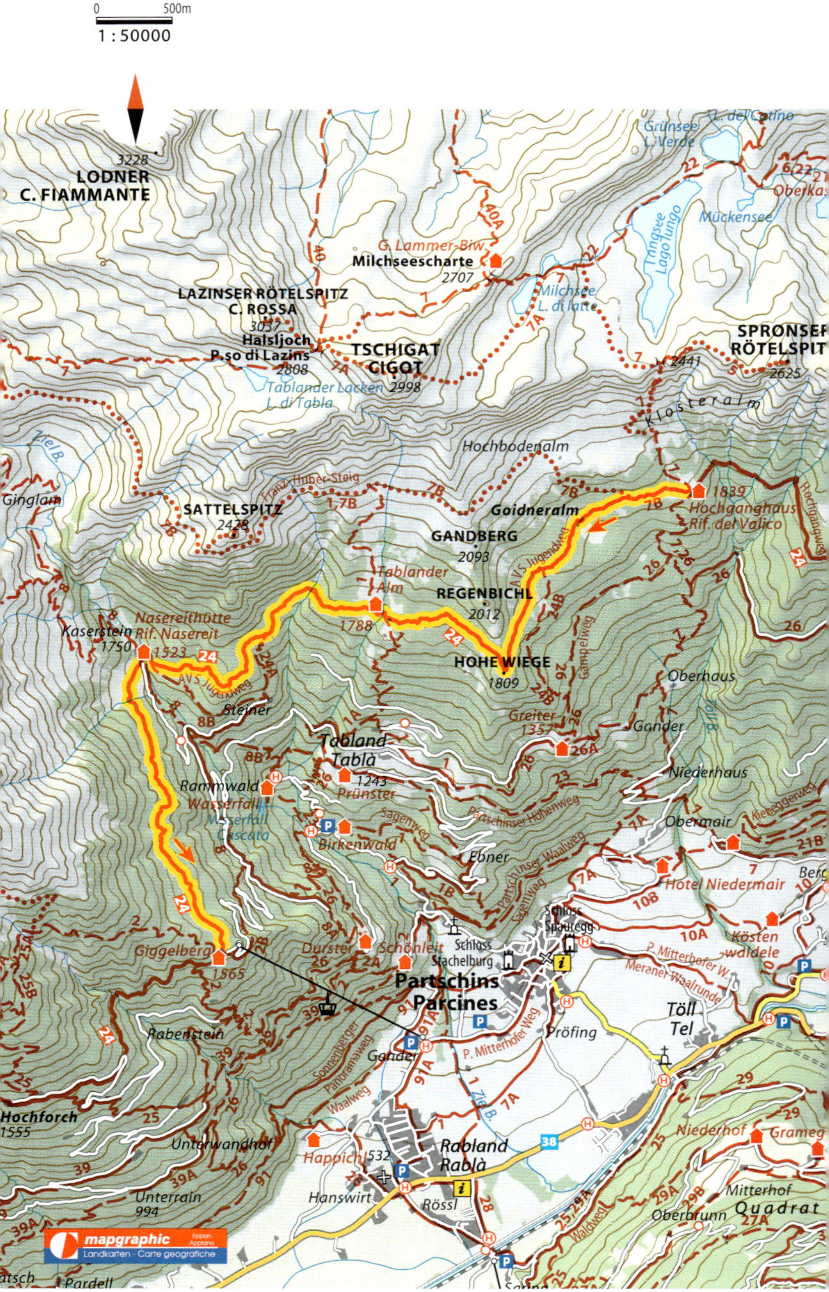

0 500m

1 : 50000

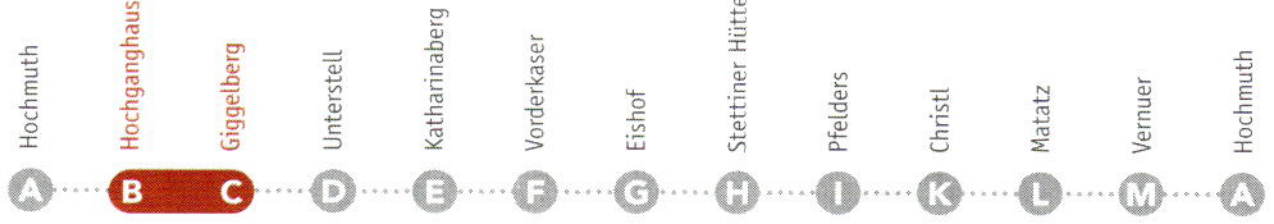

Hochganghaus – Giggelberg

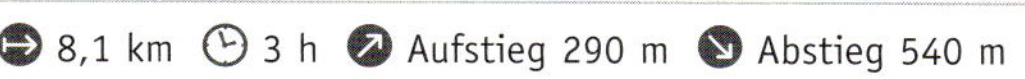

Ab dem Hochganghaus wird das Gelände alpiner und felsiger, der stellenweise ausgesetzte und anspruchsvolle Weg führt unterhalb des Tschigat (2998 m) und der Lazinser Rötelspitze (3037 m) vorbei, führt bergab zur Nasereithütte, überquert dort den tiefen Graben des Zielbachs, dreht dann auf Süd und führt nach einer Waldquerung zum Gasthaus Giggelberg und der Bergstation der Texelbahn.

ZUSTIEG

Keine Zufahrt zum Hochganghaus, am kürzesten zu Fuß von der Leiteralm aus zu erreichen (knapp 1½ Stunden). Zur Leiteralm geht ein Korb- bzw. Sessellift ab Algund. Dort Bushaltestelle „Plars (Algund), Sessellift Vellau“, siehe App „Suedtirol2Go“.

WEGVERLAUF

Fortsetzung von Abschnitt A–B Hochmuth–Hochganghaus	**S. 23 ff.**

Ab dem **Schutzhaus Hochgang** (1839 m) geht der stets mit der Nummer 24 markierte Weg in ebener Hangquerung zur Goidner Alm (kein Ausschank); sie liegt zwischen großen Felsblöcken inmitten einer Viehweide. Die Alm, einst im Besitz des Kartäuserklosters Allerengelsberg im Schnalstal, gehört zum Obst- und Weinhof Goidner in Marling. Das Gelände wird nun felsiger, auch der Weg ist mit festgefügten Granitblöcken ausgelegt, an ausgesetzten Stellen geben Ketten Sicherheit und Halt. Der Weg passiert eine markante Geländenase, die Hohe Wiege (1809 m); das ist ein einmaliger Aussichtspunkt, auf dem ein Wetterkreuz steht. Die Wetterkreuze wurden an exponierten

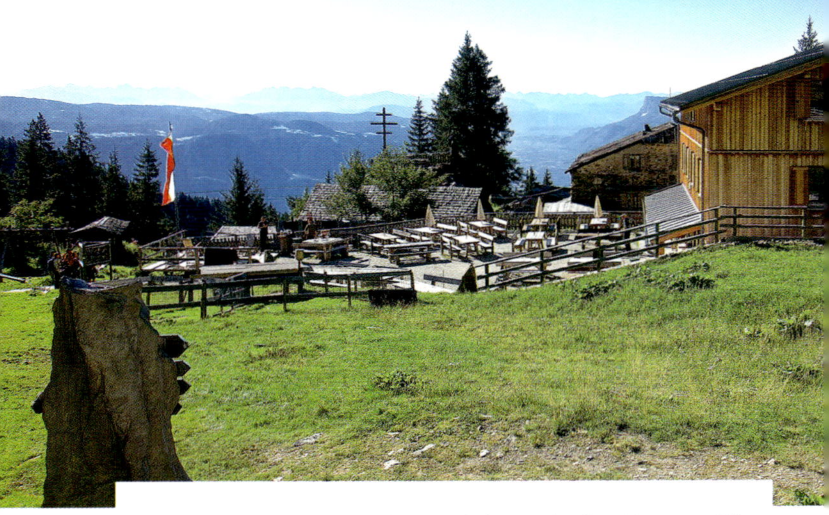

Hochganghaus

Stellen errichtet, sie haben drei Querhölzer und sollen Unwetter, Blitz und Hagel fernhalten. Auch die weitere Wegstrecke bis zur **Tablander Alm** (1791 m, Jausenstation, 1 h 20 min ab Hochganghaus) weist abschüssige und anspruchsvolle Stellen auf. Durch felsdurchsetztes Gelände, mal Wald, dann wieder Lichtungen, erreichen wir in stetem Abstieg die Weiden um die **Nasereithütte** (1523 m) im Talgrund des Zielbachs. Vor wenigen Jahren wurde die Alm, die viele Jahre lang geschlossen war, als stattliches Holzhaus wieder errichtet und bietet

DER PARTSCHINSER WASSERFALL

An der Nasereithütte rauscht der Zielbach vorbei, der in den Dreitausendern der Texelgruppe entspringt. 450 Höhenmeter unterhalb der Hütte stürzt der Bach über eine Felskante und als Wasserfall in die Tiefe. Mit einer Fallhöhe von fast 100 m ist es der höchste Wasserfall Südtirols. Falls Sie die Tour verlängern oder unterbrechen wollen: Von der Hütte aus erreichen Sie in einer knappen Stunde auf Weg Nr. 8 das Gasthaus Wasserfall. Von dort führt in wenigen Minuten ein schmaler Fußweg zu einem Aussichtspunkt ganz in der Nähe der Kaskade, die mit ihren sprühenden, weißen Gischtfahnen zur Zeit der Schneeschmelze im Frühsommer am eindrucksvollsten ist.

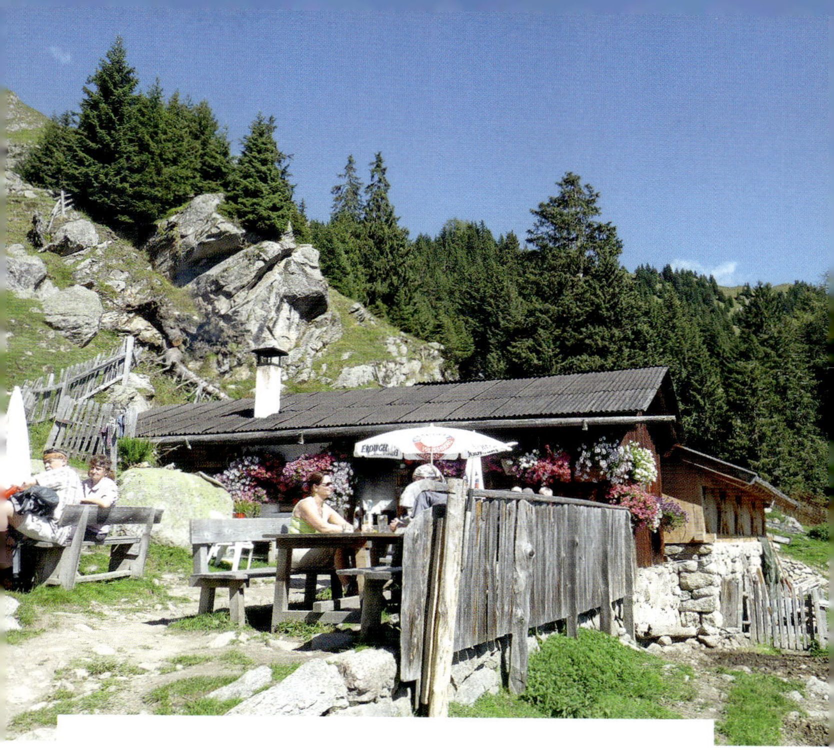

Tablander Alm

Bewirtung und Unterkunft an. Nach der Bachüberschreitung führt der Weg ansteigend über eine Weide und dann in den Wald, quert in gleichbleibender Höhe die steile Bergflanke und erreicht nach einer knappen Stunde ab Nasereit die Wiesen des Bauern- und **Gasthauses Giggelberg** (1565 m). Hier öffnet sich ein freier Blick über das Meraner Becken, das Etschtal und bis zu den fernen Dolomiten. Wenige Minuten darunter liegt die Bergstation der Texelbahn.

Fortsetzung: Abschnitt C–D Giggelberg–Unterstell	**S. 35 ff.**

FALLS SIE DIE TOUR UNTERBRECHEN ODER BEENDEN WOLLEN

Die Texelbahn ab Giggelberg (Tel. 0473 968295, www.texelbahn.com) bringt Sie hinunter nach Partschins. Dort Bushaltestelle „Partschins Texelbahn“, siehe App „Suedtirol2Go“.
Ein Ausstieg aus der Tour ist auch von der Nasereithütte möglich: Wie oben beschrieben Abstieg auf Weg Nr. 8 in 1 Stunde zum Gasthaus Wasserfall, dort Bushaltestelle („Partschins Wasserfall“) mit Anschluss nach Partschins und Meran. Info auch beim Tourismusbüro Partschins, Tel. 0473 967157.

Südtirols schönste Seiten

Priska Weger

Kräuter nutzen leicht gemacht

Für Küche, Gesundheit und Wohlbefinden
Fotos von Frieder Blickle

240 S., ISBN 978-3-85256-746-4

Wie Sie 44 Allround-Kräuter wirkungsvoll einsetzen können – mit 200 Anleitungen.

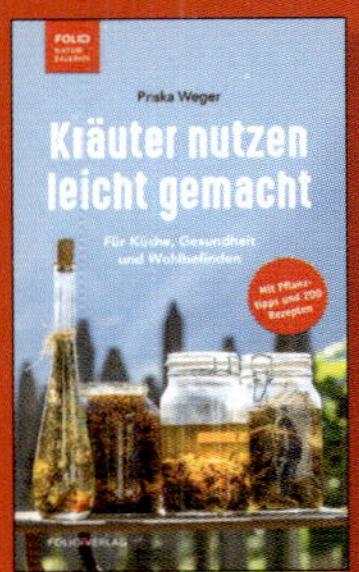

Marlene Lobis

Südtirol schmecken

45 kulinarische Geschichten
120 S., ISBN 978-3-85256-763-1

Hier geht es ganz ums Echte! Gaumenfreuden, die Sie in Südtirol unbedingt probiert haben sollten – und ihre Geschichten.

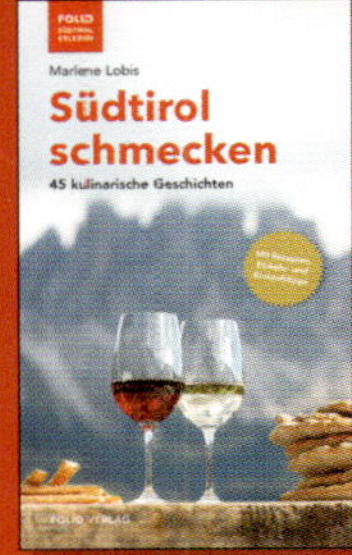

Oswald Stimpfl

Ausflugsgasthöfe in Südtirol

Mit Wandervorschlägen und Kulturtipps

144 S., ISBN 978-3-85256-663-4

Wandern und genießen – entdecken Sie kulinarische Highlights und beeindruckende Landschaft in Südtirol

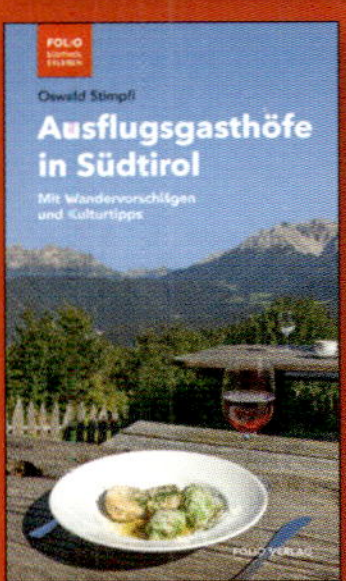

Oswald Stimpfl

Törggelen in Südtirol

Typische Buschenschänken und Bauerngasthäuser
120 S., ISBN 978-3-85256-734-1

Der praktische Wegweiser zu bäuerlichen Törggelelokalen – ausgewählt von einem echten Kenner.

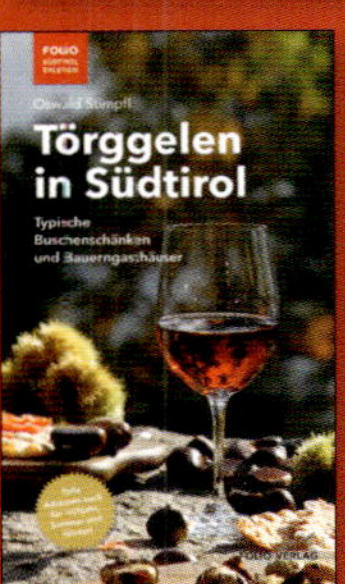

www.folioverlag.com

ALS TAGESAUSFLUG

Wer diesen Abschnitt als Tagesausflug plant, fährt mit dem Korb- bzw. Sessellift (Tel. 0473 448532) von Algund hinauf zur Leiteralm und wandert über das Hochganghaus in rund 4 Stunden nach Giggelberg zur Texelbahn. Von der Talstation der Texelbahn (Bushaltestelle „Partschins Texelbahn") kommen Sie mit dem Bus wieder zurück nach „Plars (Algund), Sessellift Vellau", siehe App „Suedtirol2Go".

UNTERKUNFT UND VERPFLEGUNG

TABLANDER ALM

2014 neu errichtetes Holzhaus. Die Betreiberin der Hütte, Karin Matscher, versorgt die Tiere auf der Alm und hungrige Wanderer: Es gibt einfache Almkost und Jausen: Knödel, Schmarrn, Spiegeleier mit Bratkartoffeln und Speck, an Sonn- und Feiertagen meist einen Kitzbraten.

- Tel. 339 1459268 (schlechter Empfang auf der Hütte)
- Für Tagesgäste
- Mai–Anfang Nov.

NASEREITHÜTTE

Vor wenigen Jahren wurde anstelle der urigen, alten Almhütte von den Besitzern, einer Gruppe von Bauern, auf 1523 m ein neues Holzhaus als Stützpunkt am Höhenweg errichtet. Große Terrasse, ganztägig einfache, herzhafte Hüttenkost.

- Fam. Gerstgrasser, Zieltal 5, Partschins, Tel. 0473 968222, 340 4941347, www.nasereit.com
- 4 Doppelzimmer, 30 Plätze im Bettenlager
- Für Haus- und Tagesgäste
- Ostern–Nov.

BERGGASTHOF GIGGELBERG

Neu erbautes, gepflegtes Berggasthaus, Sonnenterrasse, wenige Minuten von der Bergstation der Texelbahn entfernt.

- Fam. Pichler, Sonnenberg 61, Partschins, Tel. 0473 967566, 338 5998953, www.giggelberg.com
- 6 Doppelzimmer, 2 Mehrbettzimmer
- Für Haus- und Tagesgäste
- März–Nov., auf Betriebszeiten der Texelbahn abgestimmt

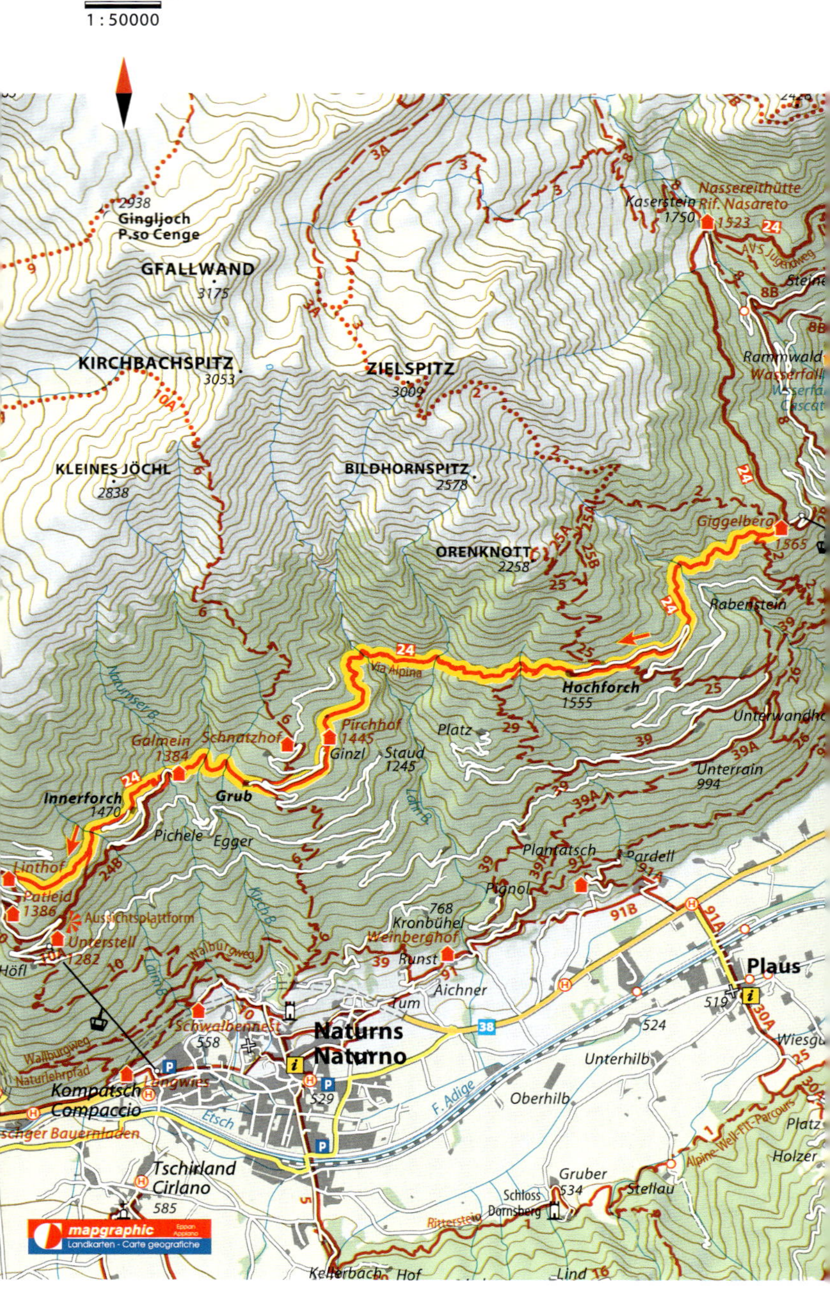

0 500m
1 : 50000
Gingljoch
P.so Cenge
2938
GFALLWAND
3175
KIRCHBACHSPITZ
3053
ZIELSPITZ
3009
KLEINES JÖCHL
2838
BILDHORNSPITZ
2578
ORENKNOTT
2258
Kaserstein
1750
Nassereithütte
Rif. Nasareto
1523
Rammwald
Giggelberg
1565
Rabenstein
Hochforch
1555
Unterwandhof
Unterrain
994
Via Alpina
Pirchhof
1445
Ginzl
Staud
1245
Platz
Galmein
1384
Schnatzhof
Grub
Innerforch
1470
Pichele
Egger
Linthof
Patleid
1386
Aussichtsplattform
Unterstell
1282
Höfl
Waalburgweg
Plantatsch
Pardell
Pignol
768
Kronbühel
Weinberghof
Runst
Aichner
Tum
Plaus
519
524
Schwalbennest
558
Naturns
Naturno
529
Unterhilb
Oberhilb
Kompatsch
Compaccio
Langwies
Naturlehrpfad
Etsch
F. Adige
Tschirland
Cirlano
585
Gruber
534
Schloss
Dornsberg
Stellau
Platz
Holzer
Alpine-Well-Fit-Parcours
Kellerbach
Hof
Lind
mapgraphic
Landkarten · Carte geografiche

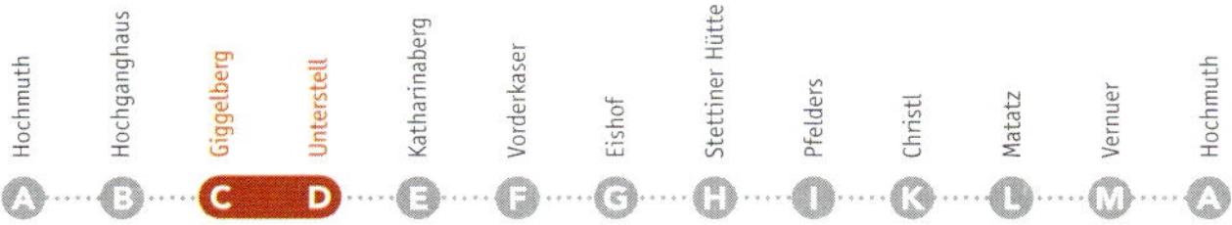

Giggelberg – Unterstell

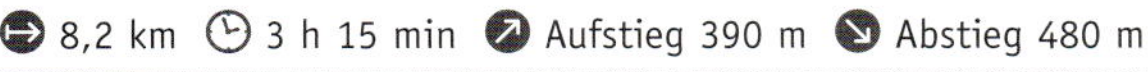

Dieser Abschnitt führt entlang der sonnigen und steilen Südflanke der Texelgruppe von der Seilbahnbergstation Giggelberg zur etwas tiefer gelegenen Bergstation der Seilbahn Unterstell. Der teilweise ausgesetzte Weg bietet prächtige Ausblicke, führt durch die beeindruckende 1000-Stufen-Schlucht, passiert Bergbauernhöfe auf abschüssigen Wiesen, karge Weiden und kleine Waldstücke. Für Unterkunft und Verpflegung sorgen etliche Einkehrmöglichkeiten.

ZUSTIEG

Giggelberg ist mit der Texelbahn zu erreichen. Tel. 0473 968295, www.texelbahn.com. Die Talstation der Seilbahn liegt zwischen Rabland und Partschins.

P Kostenloser, unbewachter Parkplatz; bei Mehrtagesaufenthalt beim Bahnpersonal melden.

WEGVERLAUF

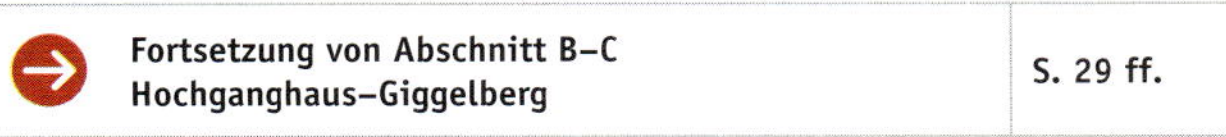

Das **Gasthaus Giggelberg** (1565 m, siehe S. 33) auf einem Geländebalkon bietet ein unvergleichliches Panorama, ist ein viel besuchtes Etappenziel am Höhenweg und liegt gleich neben der Bergstation der Texelbahn. Die Pendelbahn überwindet in kühnem Schwung, ohne Zwischenstation und Pfeiler, in 5 Minuten 911 m Höhendifferenz. Sie ermöglicht einen beliebten Einstieg zum Meraner Höhenweg.

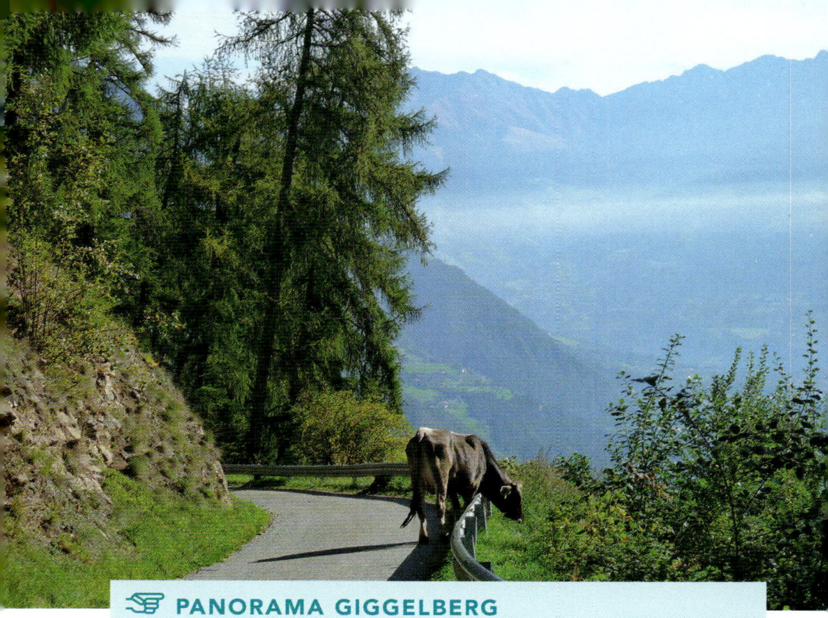

PANORAMA GIGGELBERG

Tief unten liegt Meran, umrahmt von Dörfern, eingebettet in Wein- und Obstgärten. Nordöstlich der Stadt erkennen wir die Hausberge Ifinger und Hirzer. Nach Süden hin erstreckt sich das breite Etschtal, links flankiert vom Höhenrücken des Tschöggelbergs; dahinter sind die Zacken der fernen Dolomiten zu erkennen. Im Westen Merans trägt das 3256 m hohe Hasenöhrl auch im Sommer noch eine kleine Eis- und Schneekappe, weiter rechts lugt die 3305 m hohe Laaser Orgelspitze hervor. Gegenüber erhebt sich die Kuppe des Vigiljochs. Dort beginnt der dunkle, bewaldete Nörderberg, der den Vinschgau schattenseitig fast 50 km talaufwärts begleitet, während hinter uns die steilen Flanken der Texelgruppe bis auf über 3000 m aufsteigen.

Nach einer knappen Gehstunde auf einem guten Steig passieren wir den **Bauernhof Hochforch** (1555 m, keine Jausenstation mehr). Am Haus sind noch die Reste einer ehemaligen Seilbahn zu sehen, die bis vor wenigen Jahren für den Material- und Personentransport benutzt wurde.

Bald danach erreichen wir die Schlucht der 1000 Stufen, eines der interessantesten Teilstücke des Meraner Höhenwegs. Eine in Stahl gefräste Skulptur und eine Panoramatafel weisen darauf hin und geben zusätzliche Erklärungen. Die Wege sind nicht schwierig, aber sie queren steile, ausgesetzte Hänge einer Schlucht, den Lahnbachgraben. Durch den Bau der neuen 55 Meter langen Hängebrücke über den Lahnbach sind es nun doch wesentlich weniger Stufen, die es zu

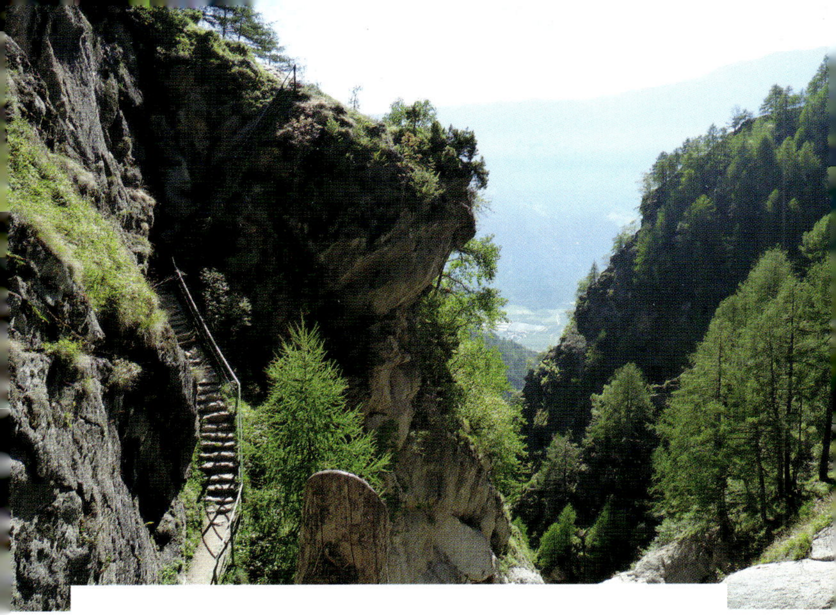

1000-Stufen-Schlucht

überwinden gilt, jedoch erfordert der Aufstieg aus der Schlucht nach wie vor etwas Kondition. Auf Teilstücken sind Stein- und Metallstufen errichtet sowie Seile, Geländer und Halteketten angebracht. Nach Schneeschmelze oder Regen stürzt der Bach als sprühender Wasserfall über die Felsstufen und gibt ein beliebtes Fotomotiv ab.

Nach der 1000-Stufen-Schlucht erwartet uns der **Hofschank Pirch** (1445 m). Ein schönerer Platz für eine Rast als auf der Terrasse mit Traumpanorama wird sich kaum finden. Auf diesem Teilstück haben wir die Qual der Wahl bei den Einkehrmöglichkeiten, übernachten kann man beim Schnatzhof (Abzweigung zwischen Pirch und Grub); weiter geht es über Grub, wo bis vor wenigen Jahren noch eine Zwergschule untergebracht war, über eine kühne Hängebrücke nach **Galmein** (1384 m).

Nach diesem Hof gabelt sich der Weg: Links geht es nach Unterstell (siehe unten „Variante"), während unser Höhenweg leicht ansteigt und zum Hof Innerforch (1470 m) führt; er verläuft also etwa 200 Höhenmeter oberhalb der Bergstation der Seilbahn Unterstell und erreicht in der Folge den **Linthof** (1464 m), wo der hier beschriebene Abschnitt endet. Etwas tiefer gelegen ist der **Hofschank Patleidhof**. Wer Richtung Katharinaberg weiterwandert, muss also nicht nach Unterstell absteigen, sondern bleibt nach Galmein auf Weg Nr. 24.

Fortsetzung: Abschnitt D–E **Unterstell–Katharinaberg**	**S. 43 ff.**

DIE MURKEGEL IM VINSCHGAU

Blicken wir vom Meraner Höhenweg in den Vinschgau, entdecken wir an den Ausgängen der Seitentäler auffällige, breite, fächerförmige Schwemmkegel. In einigen Fällen haben sie die Etsch an den Talhang gedrängt und sogar aufgestaut. Dadurch konnten sich Aufschüttungsebenen sowie mittlerweile entsumpfte Feuchtgebiete und talabwärts Talstufen bilden. Einer der großen Murkegel ist jener von Latsch-Tarsch, ein kleinerer der von Partschins. Diese Murkegel sind in der Nacheiszeit entstanden, als das eisfreie Gebiet noch nicht von der Vegetation gefestigt war und es wahrscheinlich viel stärkere Niederschläge und Bäche mit größerer Wasserführung gegeben hat. Letztere haben das von den Gletschern verursachte Geschiebematerial aus den Seitentälern hinausgespült.

VARIANTE

Wer zur Seilbahn oder zum Gasthaus Unterstell möchte, folgt nach Galmein der Markierung Nr. 24B. Unterwegs queren wir die mächtige Röhre einer Hochdruckleitung, die Wasser vom Stausee im Schnalstal auf die Turbinen eines E-Werks in Naturns leitet. Wenige Gehminuten später biegen wir kurz links zur neuen **Aussichtsplattform** ab, einer Stahlkonstruktion, die frei 50 m über den Abgrund gebaut wurde und eine atemberaubende Fernsicht über das Tal ermöglicht. Sie bietet bis zu 50 schwindelfreien Personen Platz. Nach 10 Minuten Fußmarsch ist die Bergstation der **Seilbahn** und der **Gasthof Unterstell** erreicht.

FALLS SIE DIE TOUR UNTERBRECHEN ODER BEENDEN WOLLEN

Die Seilbahn Unterstell bringt Wanderer hinunter nach Naturns (Tel. 0473 668418, www.unterstell.it). Dort Bushaltestelle „Naturns Kompatsch“; der Bahnhof der Vinschger Bahn ist rund 20 Gehminuten entfernt.

ALS TAGESAUSFLUG

Wer diesen Abschnitt als Tagesauflug plant, nimmt an der Talstation der Seilbahn Unterstell (Haltestelle „Naturns Kompatsch“) den Bus zurück nach „Partschins Texelbahn“. Siehe App „Suedtirol2Go“.

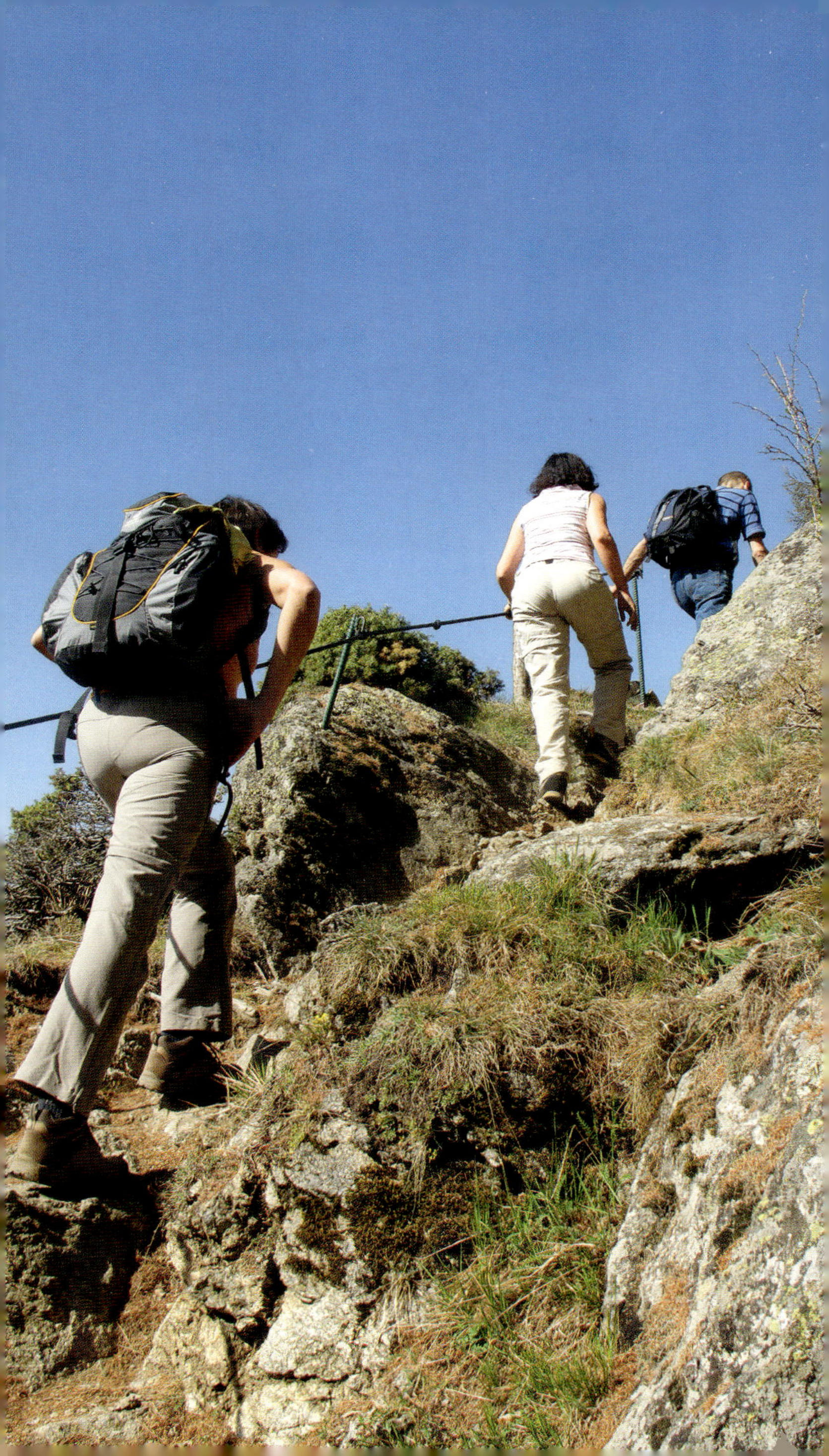

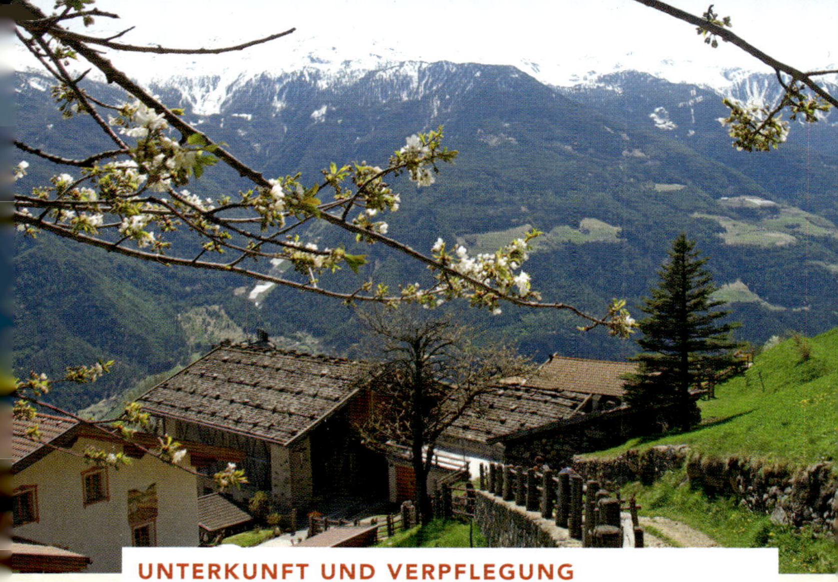

UNTERKUNFT UND VERPFLEGUNG

HOFSCHANK PIRCHHOF

Hofschank mit Traumaussicht und hausgemachten Produkten, Spezialitäten sind Ziegen-, Kitz- und Bockbraten, die gekochten Hauswürste und natürlich Knödel und Nocken.

- Fam. Müller, Sonnenberg 77/a, Naturns, Tel. 0473 667812, 348 8501414, www.pirchhof.it
- 2 Doppel- und 1 Mehrbettzimmer, 1 Ferienwohnung, 1 Bettenlager (Hüttenschlafsack mitbringen)
- Für Haus- und Tagesgäste
- März–Mitte Nov.

SCHNATZHOF

Bauernhof, ca. 80 Höhenmeter und 15 Gehminuten oberhalb des Höhenwegs zwischen Pirch und Grub in einmaliger Panoramaposition gelegen.

- Fam. Ladurner, Sonnenberg 78, Naturns, Tel. 0473 667744, 348 0630823, www.schnatzhof.it
- 3 Ferienwohnungen, 2 Doppelzimmer
- Nur für Hausgäste
- Ganzjährig geöffnet

GALMEINHOF

Häusergruppe am Steilhang, großer Sonnenbalkon. Einfaches Berggasthaus mit bäuerlichen Gerichten, viel Hausgemachtes: Knödel, Omeletten, Kaiserschmarrn; der Renner ist der Lammbraten.

- Fam. Tumler, Sonnenberg 41, Naturns, Tel. 0473 668117, 349 7205566
- Für Tagesgäste
- Ostern–Nov., im Winter nur an Wochenenden und Feiertagen

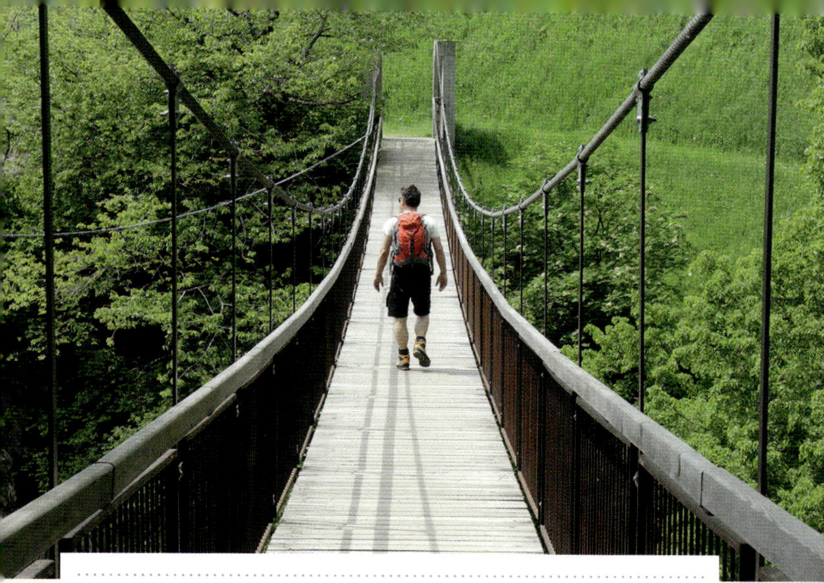

LINTHOF

Schöner Ausfluggasthof auf einem Flachstück, Panoramaterrasse, Liegewiese, Kinderspielplatz, rustikale Gaststube, typische lokale Küche.

- Fam. Fliri, Sonnenberg 48, Naturns, Tel. 349 3786678, www.linthof.com
- 3 Doppelzimmer
- Für Haus- und Tagesgäste
- Mitte März–Ende Nov. durchgehend geöffnet

HOFSCHANK PATLEIDHOF

Bauernhof und Hofschank, zwischen Bergstation und Höhenweg gelegen. Vom Höhenweg wenige Minuten und 80 Höhenmeter Abstieg, von der Seilbahnbergstation 15 Minuten und 100 Höhenmeter Aufstieg.

- Fam. Oberhofer, Sonnenberg 47, Naturns, Tel. 0473 667767, 347 7877895, www.patleidhof.it
- 3 Doppelzimmer, einfaches Mehrbettzimmer im Altbau
- Für Haus- und Tagesgäste
- Verpflegung: Okt.–Ende Mai Di.–So., Mo. Ruhetag, Mitte Juni–Mitte Sept. nur für Hausgäste; Unterkunft: März–Ende Okt.

GASTHAUS UNTERSTELL

Direkt neben der Seilbahn. Gute Hausmannskost und Mehlspeisen im Gastgarten oder auf der verglasten Panoramaterrasse.

- Fam. Götsch, Sonnenberg 46, Naturns, Tel. 0473 667747, www.unterstellhof.com
- Für Tagesgäste
- Ganzjährig geöffnet, Fr. Ruhetag

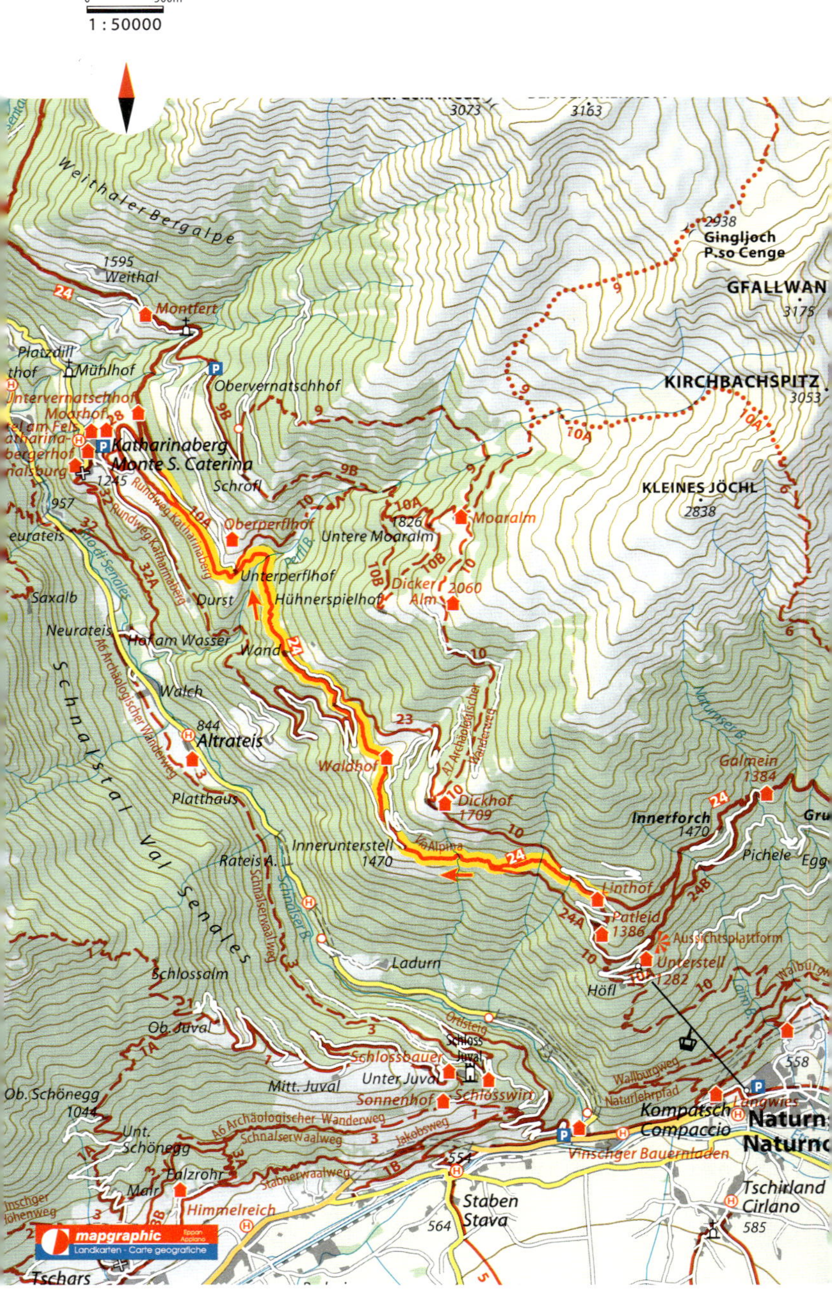
0 500m
1 : 50000
Weithaler Bergalpe
1595
Weithal
Montfert
Platzdill
Mühlhof
Obervernatschhof
Katharinaberg
Monte S. Caterina
1245
957
Schrofl
Oberperflhof
Unterperflhof
Untere Moaralm
1826
Moaralm
Dicker Alm
2060
Hühnerspielhof
Durst
Saxalb
Neurateis
Hof am Wasser
Wand
Walch
844
Altrateis
Platthaus
Waldhof
Dickhof
1709
Innerunterstell
1470
Rateis A.
Schnalstal Val Senales
Schlossalm
Ob. Juval
Ob. Schönegg
1044
Unt. Schönegg
Mair
Falzrohr
Himmelreich
Tschars
Mitt. Juval
Unter Juval
Schloss Juval
Schlosswirt
Sonnenhof
Schlossbauer
Ladurn
Kompatsch
Compaccio
Naturns
Vinschger Bauernladen
554
564
Staben
Stava
Tschirland
Cirlano
585
558
Langwies
Wallburgweg
Naturlehrpfad
Höfl
Unterstell
1282
Aussichtsplattform
Patleid
1386
Linthof
Innerforch
1470
Pichele
Galmein
1384
2938
Gingljoch
P.so Cenge
GFALLWAN
3175
KIRCHBACHSPITZ
3053
KLEINES JÖCHL
2838
3073
3163
mapgraphic
Landkarten - Carte geografiche

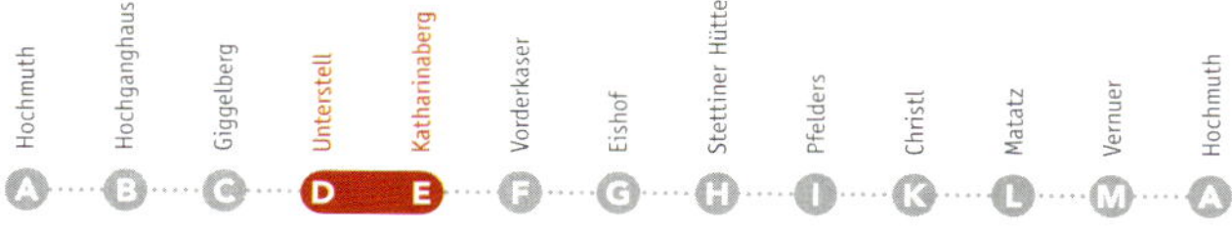

Unterstell – Katharinaberg

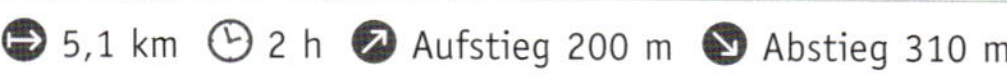

Dieser Abschnitt schließt beim Linthof oberhalb von Unterstell an den vorhergehenden Wegabschnitt an. Wer hingegen mit der Seilbahn Unterstell ankommt, muss zuerst 185 Höhenmeter zum Höhenweg aufsteigen. Der Weg nach Katharinaberg im Schnalstal schlängelt sich dann entlang der steilen Westflanke der Texelgruppe, immer auf und ab, wobei die Gehrichtung allmählich nach Nordwesten schwenkt. Wir verlassen dabei das breite Vinschger Haupttal und wandern ins enge, wilde Schnalstal hinein. Bald sind die mächtigen Gipfel der Ötztaler Alpen zu sehen, auf den wenigen Hangterrassen liegen die Bergdörfchen Katharinaberg und gegenüber Karthaus.

ZUSTIEG

Der Weiler Unterstell ist von Naturns aus mit der Seilbahn zu erreichen (Tel. 0473 668418, www.unterstell.it). Die Talstation wird von Bussen angefahren (Haltestelle „Naturns Kompatsch") und auch der Bahnhof der Vinschger Bahn ist nur rund 20 Gehminuten entfernt.
P Kostenloser, unbewachter Parkplatz an der Talstation

An der Bergstation der Seilbahn orientieren wir uns kurz an der Panoramatafel und an den Markierungsschildern: Die Hinweistafel Katharinaberg 10A gibt zwar eine Gehzeit von 2 h 20 min an, rechnen Sie aber ruhig mit 20 Minuten Zugabe! Beim Aufstieg von der Seilbahnstation (Markierung Nr. 10 A) kommen wir am **Patleidhof** (1386 m, siehe S. 41) vorbei, beim Gasthaus **Linthof** (1464 m, siehe S. 41) ist der Höhenweg (Nr. 24) erreicht.

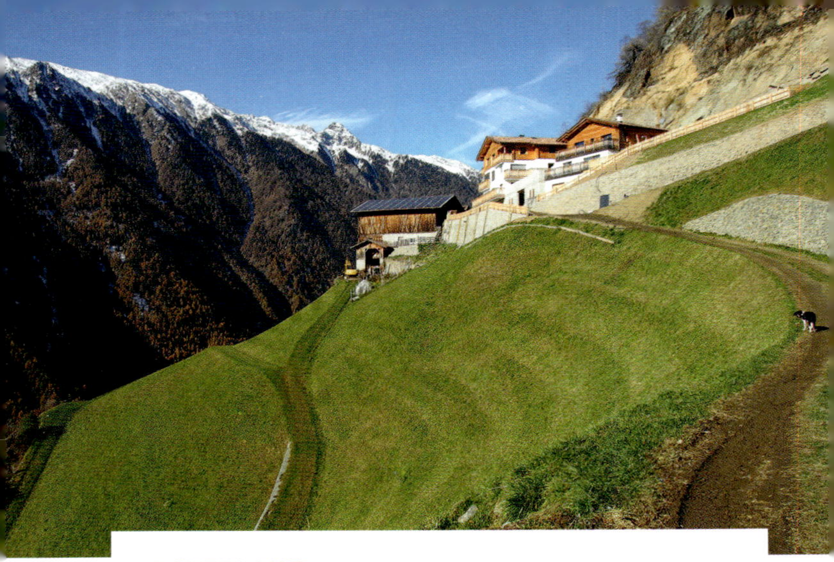

WEGVERLAUF

Inner-
unterstell

	**Fortsetzung von Abschnitt C–D** **Giggelberg–Unterstell**	**S. 35 ff.**

Nach dem Linthof geht es ein kurzes Stück auf Asphalt, dann beginnt wieder der Steig, der in beeindruckender Weise den felsdurchsetzten, mit Lärchen bewachsenen Hang quert. Eine Panoramatafel erinnert uns daran, dass wir wieder im Naturpark Texelgruppe unterwegs sind. Tief unten liegt auf einer Geländenase Burg Juval, die Sommerresidenz von Reinhold Messner, dahinter zeigen sich die Spitzen der Ortlergruppe, bald werden sie von den Schnalstaler Bergen verdeckt sein. Nun führt der Weg zwischen dem neuen Haus und dem Wirtschaftsgebäude des Innerunterstellhofs durch, um nach einem kurzen asphaltierten Stück wieder als Steig in Wald und Wiesen einzutauchen.

LEBEN AUF DEM BERGBAUERNHOF

Der Hof Innerunterstell ist ein gutes Beispiel dafür, wie in extremen Steillagen und unter großer Mühe dank dem Einsatz von geländegängigen Maschinen, Terrassierung der Bergwiesen und Erschließung durch autotaugliche Zufahrten Milchviehhaltung betrieben werden kann. Die Milch wird täglich an die Genossenschaft geliefert. Selbstverständlich erhalten die Bauern auf diesen Höfen Zuschüsse der öffentlichen Hand, anders wäre ein Auskommen an so ungünstigen Standorten nicht möglich. Viele Bauern gehen unten im Tal einem Nebenerwerb nach. Kleinbusse sorgen für den Schülertransport.

VARIANTE

Kurz hinter dem Linthof gabelt sich der Weg: Links geht es auf dem Höhenweg weiter, rechts biegt der Archäologische Wanderweg (Markierung Nr. 10) ab: Er führt in einer guten halben Stunde, immer leicht bergauf, zum **Dickhof** (1709 m), einem urigen Bauernhof mit Ausschank. Wer eine Einkehr sucht, ist hier gut bedient. Nach dem Dickhof senkt sich der Weg (jetzt Nr. 23) wieder ab und mündet bei Kopfron (Einkehr, z. Z. geschlossen) wieder in den Höhenweg. Dieser Schlenker kostet kaum zusätzliche Zeit, allerdings sind 210 Höhenmeter mehr zu bewältigen.

Nach einer knappen Gehstunde ab dem Linthof erreichen wir den **Waldhof** (1505 m), er ist einer von sieben Streuhöfen, die den Weiler Fuchsberg bilden. Obwohl sie am Steilhang des Schnalstals liegen, gehören sie verwaltungsmäßig zur Gemeinde Naturns. Beim

KATHARINABERG

Im Dörfchen, auf dem steil abfallenden Felssporn, stand eine Burg, welche die Allerengelsberger Mönche aus dem nahen Karthaus vom damaligen Landesfürsten König Heinrich als Lehen erhielten. An ihrer Stelle bauten sie die Kirche, die der hl. Katharina geweiht ist und um die sich wenige Häuser scharen, darunter der behäbige, alte Obermairhof.

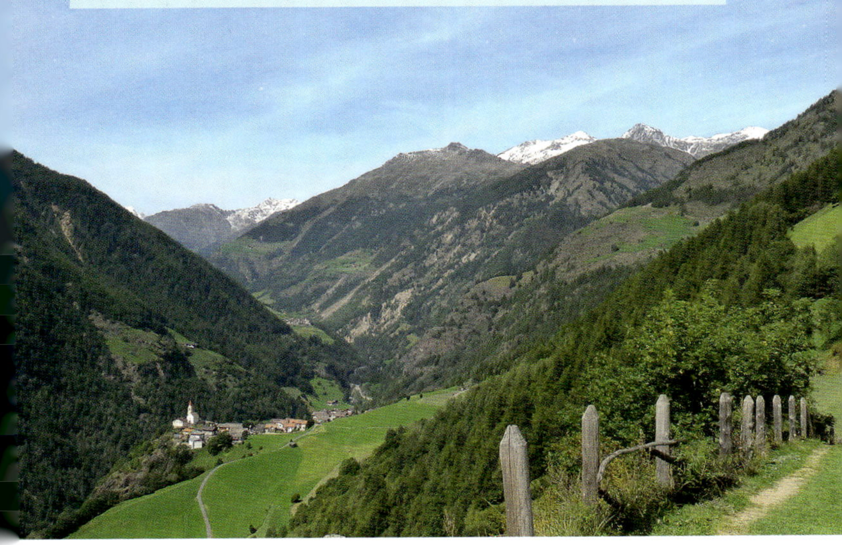

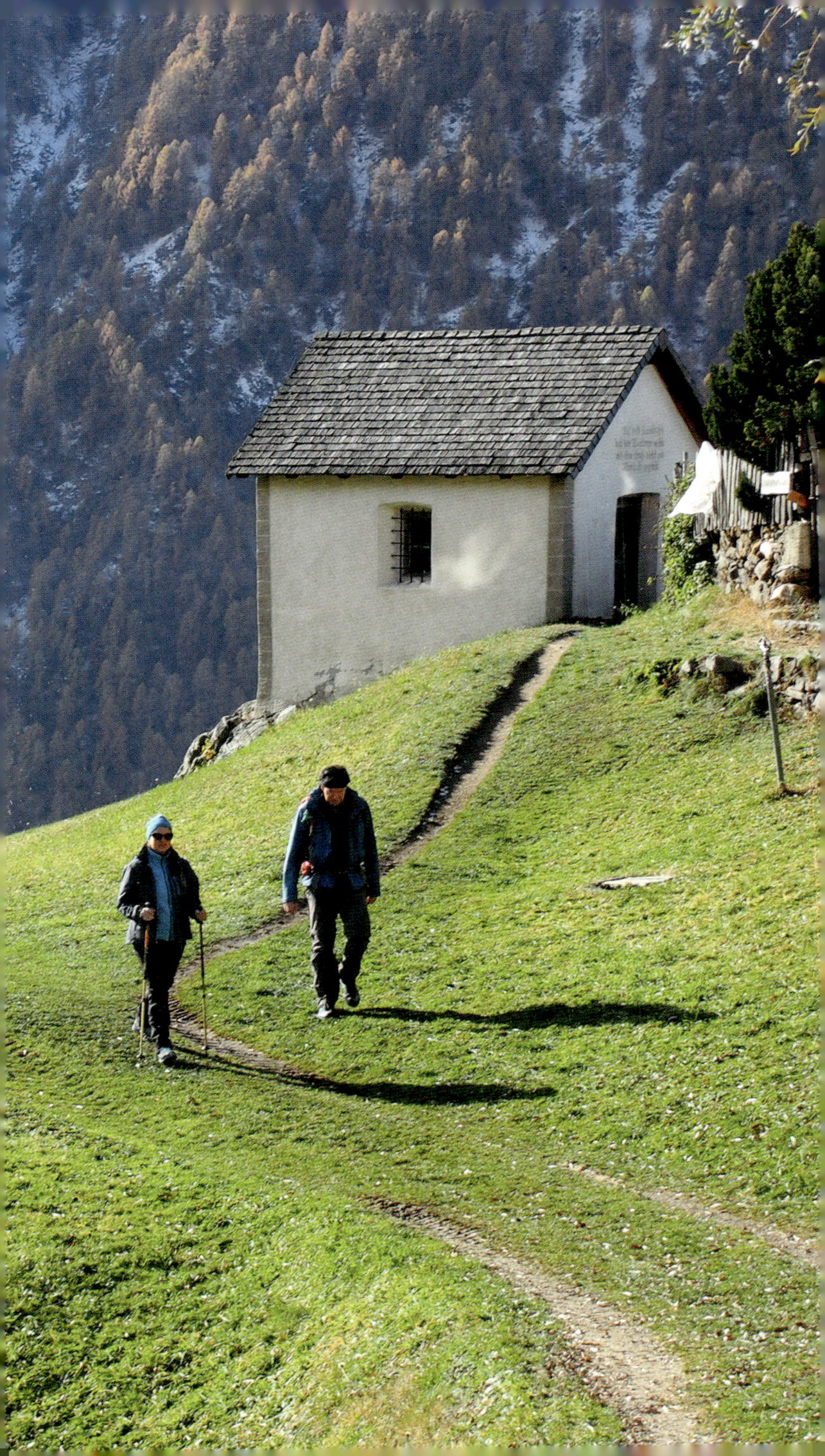

Hofschank, einer der wenigen Einkehrmöglichkeiten auf diesem Abschnitt, steht eine kleine Franziskuskapelle mit hölzernem Turm, sie lädt zu besinnlicher Rast ein. Von tief unten grüßen die Kirche von Katharinaberg und die wenigen Häuser des Dörfchens herauf, etwas dahinter ist auch Karthaus zu erkennen. Dieser Wegabschnitt führt vom Trubel an der viel begangenen Strecke der Südseite – zwischen den Seilbahnen und den vielen Gasthäusern – in das einsame, abgeschiedene und fast unzugängliche Schnalstal. Nach der Querung eines Bachgrabens und einem Steilstück mit Treppen passieren wir den prächtig gelegenen Unterperflhof mit der kleinen Kapelle. Wir lugen durch das Fenster und bewundern die außergewöhnlich reiche barocke Ausstattung. Mittlerweile sind wir gute 2 Stunden unterwegs und am Ende dieses Abschnitts. Unter uns liegt Katharinaberg auf einem ins Tal hinausragenden Geländebalkon mit mehreren Einkehr- und Übernachtungsmöglichkeiten (**Hotel am Fels**, **Gasthof Schnalsburg**, **Pension Katharinabergerhof**, **Moarhof**).

Wer Richtung Pfossental und Vorderkaser weiterwandert, muss nicht nach Katharinaberg absteigen, sondern bleibt auf Weg Nr. 24 und lässt das Dorf links unten liegen. Eine bescheidene Übernachtungsmöglichkeit bietet sich auch rund 1 km weiter etwas oberhalb des Höhenwegs: der **Untervernatschhof** (siehe S. 55)

	**Fortsetzung: Abschnitt E–F** **Katharinaberg–Vorderkaser**	**S. 51 ff.**

FALLS SIE DIE TOUR UNTERBRECHEN ODER BEENDEN WOLLEN

Vom Meraner Höhenweg führt Markierung Nr. 10A in etwa 15 Minuten 120 Höhenmeter hinunter ins Bergdörfchen Katharinaberg. Dort Busverbindung (Haltestelle „Schnals, Katharinaberg"), siehe App „Suedtirol2Go".

ALS TAGESAUSFLUG

Wer diesen Abschnitt als Tagesauflug plant, nimmt in Katharinaberg (Haltestelle „Schnals, Katharinaberg") den Bus zurück nach „Naturns Kompatsch", siehe App „Suedtirol2Go".

← Kapelle beim Unterperflhof

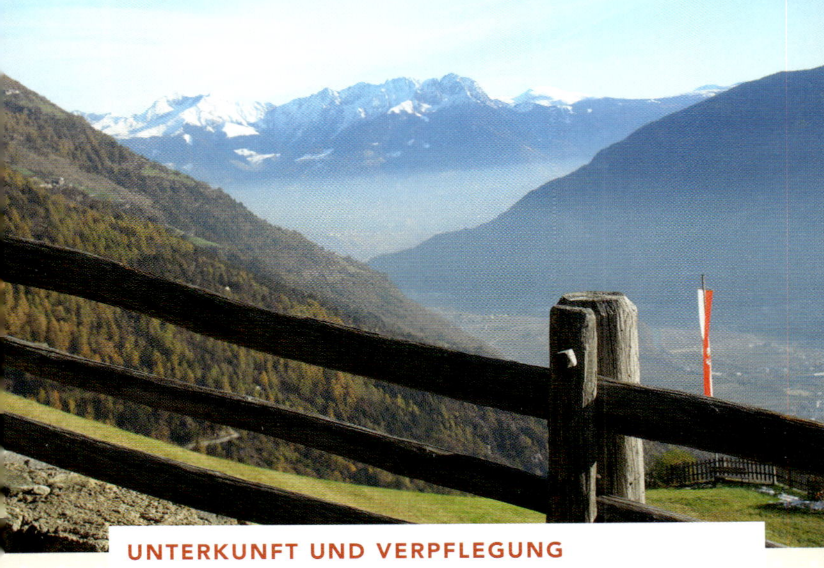

UNTERKUNFT UND VERPFLEGUNG

HOFSCHANK WALD

Bauernhof am steilen Wiesenhang. Gute Jausenbrettchen mit hausgemachtem Speck und Almkäse; kleine Gerichte wie Knödel, Salate, Suppen; Kuchen und Strudel.

- Fam. Kneissl, Sonnenberg 51, Tel. 335 5228700
- 1 Ferienhaus für 2–3 Personen
- Für Tagesgäste
- Ende März–Anfang Nov., Fr. Ruhetag

DICKHOF

Typischer Bergbauernhof, viel besuchtes, aussichtsreich gelegenes Ausflugslokal, an der Wegvariante gelegen, traditionelle Hausmannskost.

- Fam. Brunner, Sonnenberg 50, Naturns, Tel. 0473 679192
- Für Tagesgäste
- Ganzjährig geöffnet

HOTEL AM FELS

Komfortables kleines Berghotel mit Hallenbad, Sauna und Solarium gegen Bezahlung.

- Fam. Gamper, Katharinaberg 61, Schnalstal, Tel. 0473 679139, www.hotel-amfels.it
- 50 Betten in Einzel-, Doppel-, Mehrbett- und Familienzimmern, Appartements
- Nur für Hausgäste
- Ganzjährig geöffnet

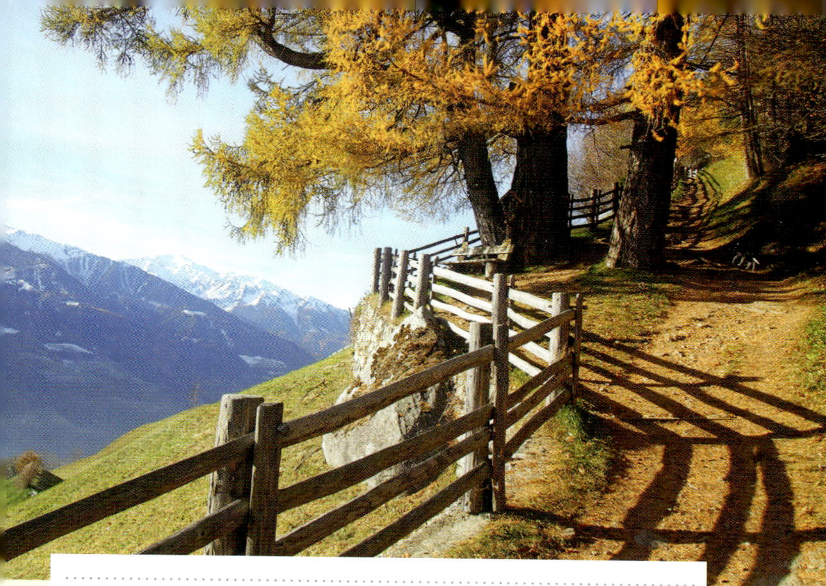

GASTHOF SCHNALSBURG

Nettes Dorfgasthaus und Café, hausgemachte Kuchen und Torten.

- Fam. Gurschler, Katharinaberg 49, Schnalstal, Tel. 0473 679145, www.schnalsburg.com
- 20 Betten in Doppel- und Mehrbettzimmern
- Für Haus- und Tagesgäste
- Ganzjährig geöffnet

PENSION KATHARINABERGERHOF

Moderne, einfache Pension im Zentrum des kleinen Orts, gute und üppige Verpflegung. Komfortabel ausgestattete große Zimmer mit Balkon. Kreditkarten werden akzeptiert.

- Fam. Spechtenhauser, Katharinaberg 56, Schnalstal, Tel. 0473 679171, www.katharinabergerhof.it
- 23 Betten in Doppel- und Mehrbettzimmern
- Nur für Hausgäste
- Ganzjährig geöffnet

MOARHOF

Moderner Bauernhof im Dorf, mit Bogenschieß-Parcours. Der Hausherr ist Mittelalter-Fan und Schmied, er fertigt Messer, Bogenspitzen, Beile und Schwerter an.

- Fam. Müller, Katharinaberg 54, Schnalstal, Tel. 0473 679221 oder 333 4959213, www.moarhof-schnals.com
- 13 Betten in 3 modernen Ferienwohnungen. Hauptkundschaft sind Feriengäste, die längere Aufenthalte buchen, aber bei Verfügbarkeit werden in der Nebensaison auch gern Wanderer für nur eine Nacht einquartiert.
- Auf Wunsch Frühstücksservice
- Ganzjährig geöffnet

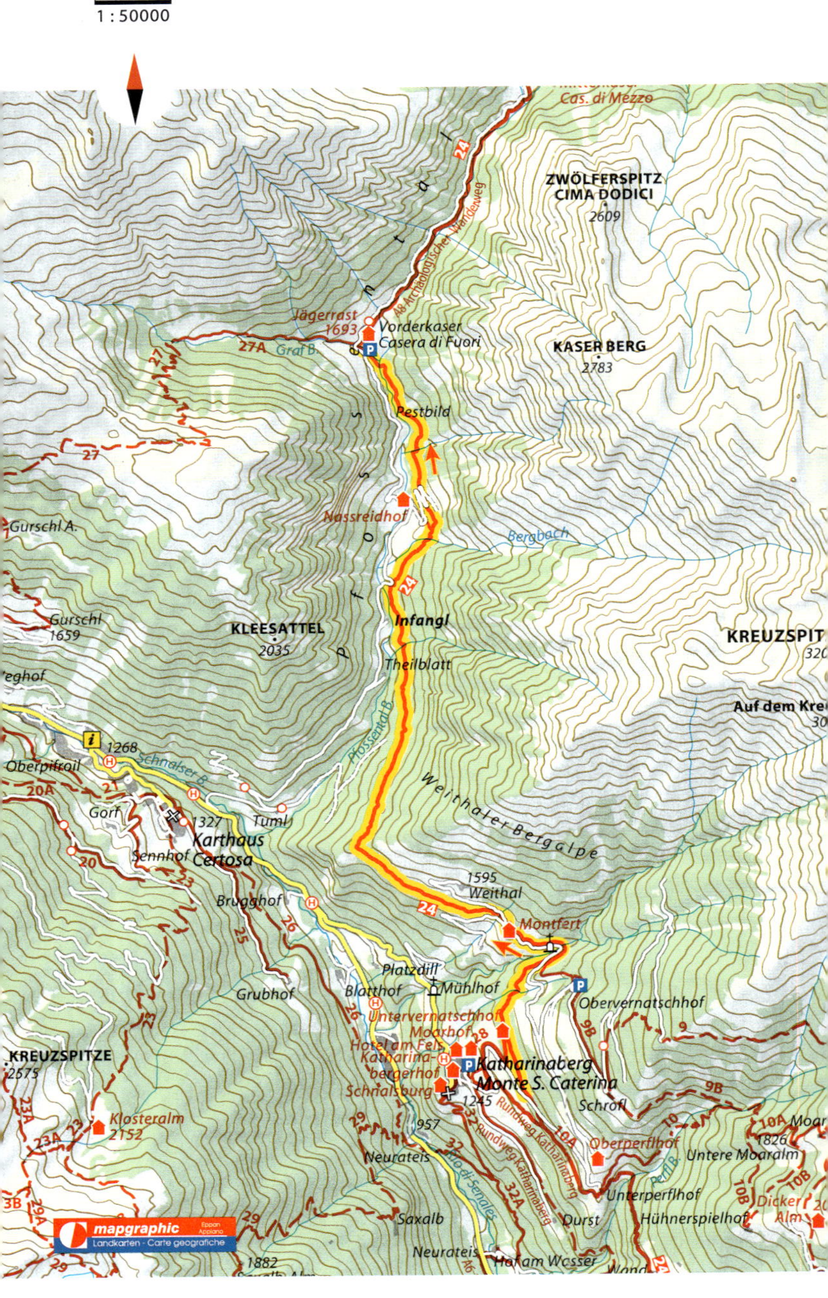

0 500m
1 : 50000
Cas. di Mezzo
ZWÖLFERSPITZ
CIMA DODICI
2609
KASER BERG
2783
Jägerrast
1693
Vorderkaser
Casera di Fuori
27A
Graf B.
Pestbild
Nassreidhof
Bergbach
Gurschl A.
Gurschl
1659
KLEESATTEL
2035
Infangl
Theilblatt
KREUZSPIT
Auf dem Kre
1268
Oberpifrail
Schnalser B.
Pfossental B.
20A
Gorf
1327
Tuml
Karthaus
Certosa
Sennhof
Weithaler Bergalpe
1595
Weithal
Brugghof
Montfert
Platzdill
Blatthof
Mühlhof
Grubhof
Obervernatschhof
Untervernatschhof
Moarhof
Hotel am Fels
Katharina-
bergerhof
Katharinaberg
Monte S. Caterina
Schnalsburg
1245
Schrofl
KREUZSPITZE
2575
Klosteralm
2152
957
Neurateis
Rundweg Katharinaberg
Oberperflhof
Untere Moaralm
1826
Unterperflhof
Hühnerspielhof
Dicker Alm
Saxalb
Durst
Neurateis
Hof am Wasser
1882
mapgraphic
Eppan Appiano
Landkarten · Carte geografiche

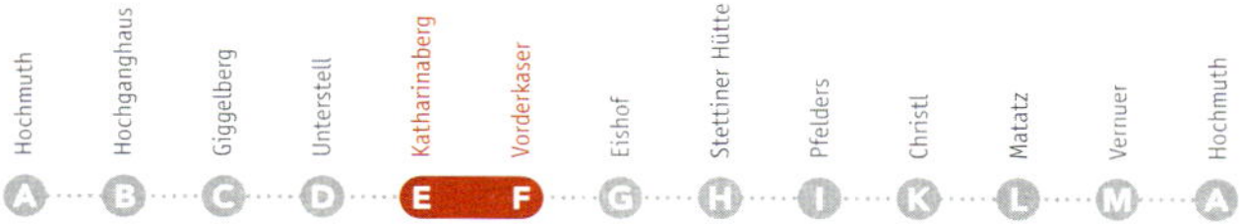

Katharinaberg – Vorderkaser

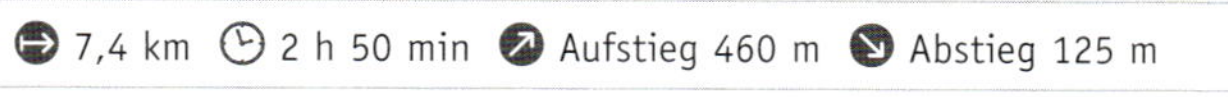

Dieser Abschnitt führt auf der orografisch linken Talseite des Schnalstals über Stufen, schmale Steige und zuletzt breitere Wegstücke hinein ins Pfossental. Dieses Seitental des Schnalstals ist zugleich Einstieg in die großartige Welt der Ötztaler Alpen mit ihren eis- und schneebedeckten Dreitausendern. Der Abschnitt führt bis zur Höfegruppe beim Gasthof Jägerrast, von den Einheimischen Vorderkaser genannt.

ZUSTIEG

Das Bergdörfchen Katharinaberg ist problemlos über das Schnalstal zu erreichen: Anfahrt von der Vinschgauer Straße (SS 38), westlich von Naturns Richtung Schnalstal abbiegen, ab Abzweigung sind es 9,7 km bis Katharinaberg.
P Wenige kostenlose, unbewachte Parkplätze in Katharinaberg. Auch Busverbindung ab Naturns bis Haltestelle „Schnals, Katharinaberg", siehe App „Suedtirol2Go".

Wir verlassen Katharinaberg auf dem Weg Nr. 28 und steigen in einer halben Stunde 150 Höhenmeter zum Meraner Höhenweg auf.

WEGVERLAUF

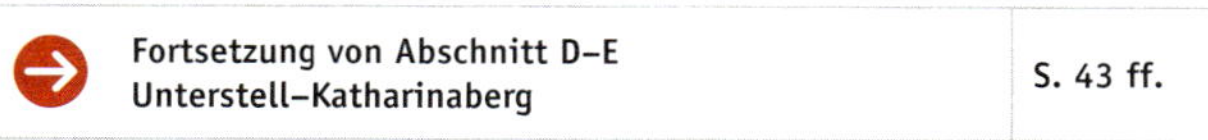

S. 43 ff.

Unser Weg geht nun durch herrlichen Lärchenwald bis zum Montferterbach, kurz davor führt ein Abstecher in wenigen Minuten zum **Untervernatschhof**, einer einfachen Unterkunft. Der Hauptweg hingegen bringt uns auf einer kurzen Asphaltstrecke zum **Montferthof**,

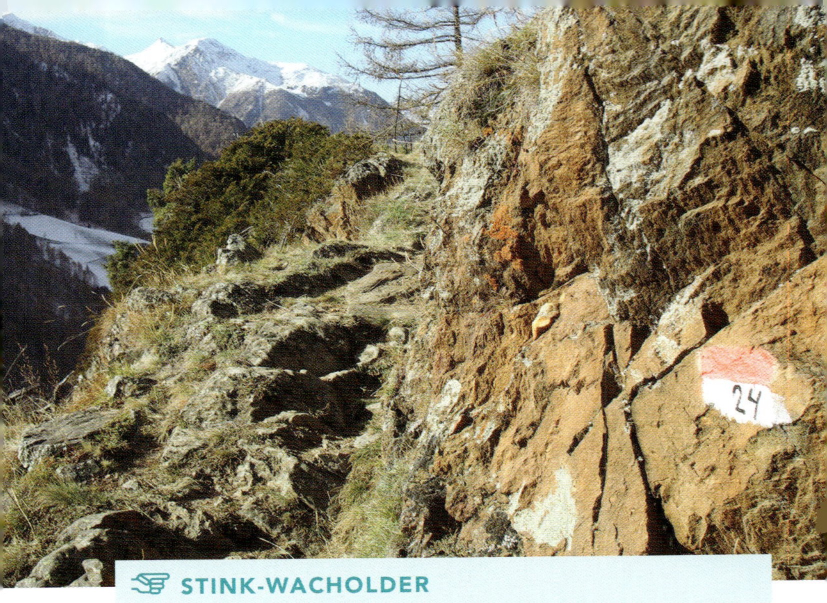

STINK-WACHOLDER

Am Weg finden wir einen hier häufig vorkommenden, aber sonst im Alpenraum eher seltenen Strauch: Der Stink-Wacholder, Sadebaum oder Sefistrauch *(Juniperus sabina)* ist ein immergrüner Strauch aus der Familie der Zypressengewächse; er ähnelt dem Alpen-Wacholder *(Juniperus communis)*. Seine Nadeln riechen unangenehm scharf (daher der wenig schmeichelhafte Name), sie sind nur 1,5–2 mm lang und schuppig angeordnet. Die Samenzapfen bilden eine blauschwarze, 5–7 mm große Scheinbeere. Alle Pflanzenteile sind stark giftig. Früher wurde der Sadebaum in der Volksmedizin verwendet, er ruft innere Blutungen hervor und führt zu Fehlgeburten, weshalb er im Mittelalter zur Abtreibung eingesetzt wurde.

einem typischen Schnalser Bauernhof, in Blockbauweise gebaut und teilweise mit Holzschindeln eingedeckt, der Unterkunft und Verpflegung bietet. Nach dem Hof schlängelt sich der Weg durch die felsdurchsetzten Hänge – von der gegenüberliegenden Talseite grüßt das Haufendorf Karthaus herüber.

Bei einer Geländenase mit Wiese dreht der Steig Richtung Norden und taucht in den Wald ein: Wir sind nun am Eingang zum Pfossental, am gegenüberliegenden Hang, auf der Sonnenseite, erkennen wir die Autostraße, die ins Tal führt. Wir müssen nun eine steinschlaggefährdete Rinne mit unstabilem, bröckelndem Geröll queren. Bald danach sind wir am Bachgrund angelangt, beim Infanglhof könnten wir über eine Brücke die Autostraße erreichen, ein möglicher Notausstieg. Unser Weg führt am Bachgrund weiter und geht dann am Zaun

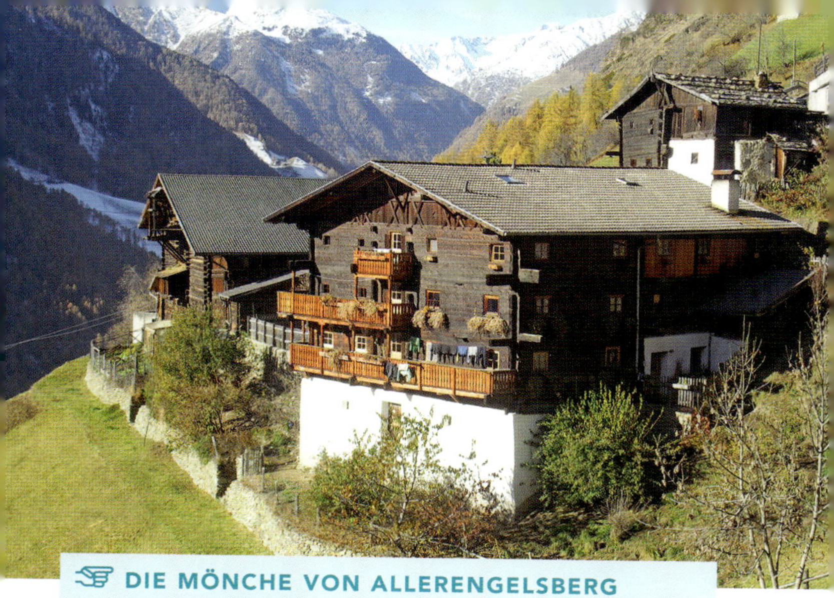

Montferthof

DIE MÖNCHE VON ALLERENGELSBERG

Karthaus, das sich jetzt als ein Haufendorf präsentiert, hat sich aus der ehemaligen Klosteranlage von Kartäusermönchen entwickelt, die 1326 hier in der Abgeschiedenheit des Schnalser Hochtals ein Kloster gründeten. Das Kloster erwarb im Laufe der Zeit großen Grundbesitz und hatte Macht und Einfluss, es wurde im Jahre 1782 aufgehoben und die Gebäude an im Tal ansässige Bauern und Händler verkauft. Im Laufe der Jahre entstand auf dem Grundriss der Klosteranlage ein einzigartiges Dorf. Trotz eines verheerenden Brandes 1924 sind Reste des ehemaligen Klosters noch gut zu erkennen, so Teile der Ringmauer, des Kreuzgangs und der Mönchszellen.

einer Wiese entlang bergauf; links liegt in einer Senke der **Nassreidhof**, seine rot-weiße Fahne am hohen Mast war schon länger zu sehen. Wer dort seine Unterkunft reserviert hat, muss nun 10 Minuten absteigen. Der Höhenweg folgt kurz der Werkstraße zum Druckstollen eines E-Werks und verläuft dann wieder als Steig die Talflanke entlang. Ein Bildstock erinnert an die Pest im fernen Jahr 1636 und fordert die Wanderer zu einem Gebet auf. Wir überqueren den Bach auf einer soliden Holzbrücke, nach 10 Minuten Aufstieg erreichen wir den **Gasthof Jägerrast**, auch **Vorderkaser** genannt, das Ziel dieses Abschnitts. Das stimmige Ensemble mit den urigen, schindelgedeckten Häusern und den üppigen Blumengärten ist ein beliebtes Fotomotiv.

Fortsetzung: Abschnitt F–G
Vorderkaser–Eishof
S. 57 ff.

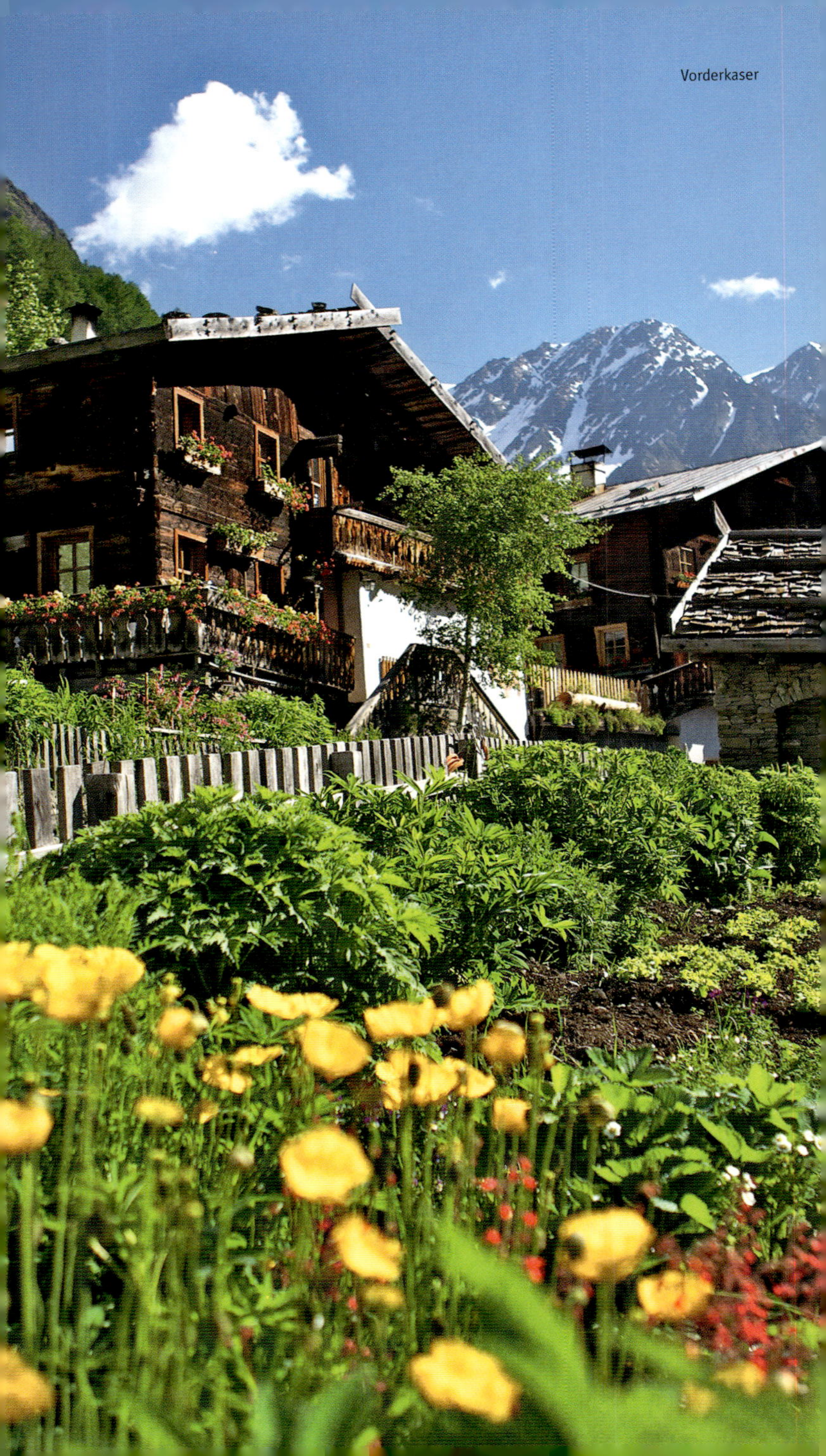
Vorderkaser

UNTERKUNFT UND VERPFLEGUNG

UNTERVERNATSCHHOF

Rustikaler Bauernhof, sehr einfache Unterkunft.

- Fam. Mair, Katharinaberg 17, Schnalstal, Tel. 0473 679241, www.untervernatsch.com
- Ferienwohnungen, Mehrbettzimmer, 20 Betten
- Nur für Hausgäste
- Ganzjährig geöffnet

MONTFERTHOF

Historischer Bauernhof, biologisch bewirtschaftet, herzliche Wirtsleute.

- Fam. Ilmer, Katharinaberg 14, Schnalstal, Tel. 0473 679236, www.montferthof.it
- 10 Betten in 4 Zimmern
- Nur für Hausgäste
- Ganzjährig geöffnet

NASSREIDHOF

Großer Bauernhof in traditioneller, für das Tal typischen Blockbauweise, 10 Gehminuten unterhalb des Höhenwegs an der Autostraße ins Pfossental gelegen.

- Fam. Gurschler, Pfossental 9, Schnalstal, Tel. 0473 679233, www.nassreidhof.it
- 5 Doppel- und 1 Mehrbettzimmer mit 4, ein weiteres mit 5 Betten
- Nur für Hausgäste
- Ganzjährig geöffnet

VORDERKASER/JÄGERRAST

Berggasthof mit gutem Restaurant und angeschlossener Hofkäserei am Ende der Autozufahrt ins Pfossental.

- Fam. Kofler, Pfossental, Schnalstal, Tel. 0473 679230, www.jaegerrast.com
- 7 Doppelzimmer
- Für Haus- und Tagesgäste
- März–Nov.

FALLS SIE DIE TOUR UNTERBRECHEN ODER BEENDEN WOLLEN

Beim Infanglhof berührt der Höhenweg die Autostraße ins Pfossental, hier Abholung möglich. Die besagte Straße endet beim Gasthof Vorderkaser/Jägerrast. Der Tourismusverein Schnalstal organsiert auf Anfrage einen Shuttle von bzw. nach Infangl und Vorderkaser oder sagt Ihnen, bei wem Sie ein Taxi bestellen können, Tel. 0473 679148.

0 500m
1 : 50000

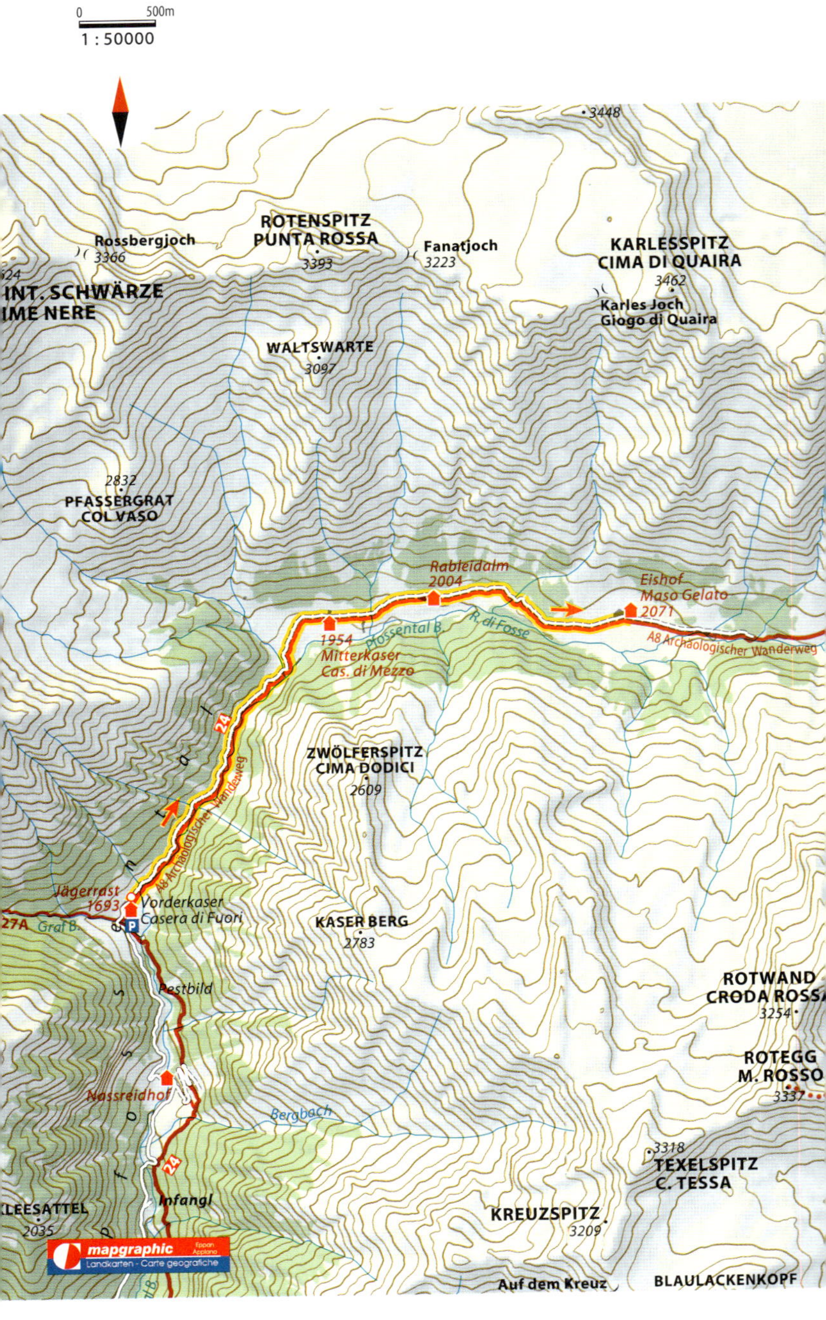

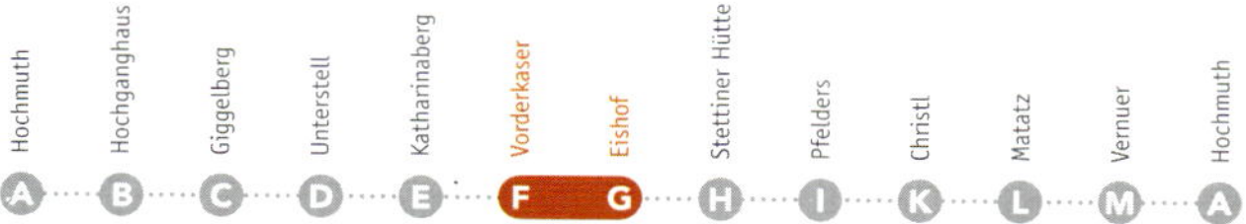

Vorderkaser – Eishof

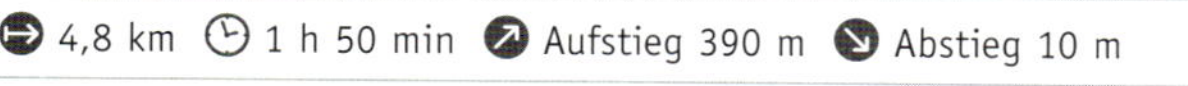
4,8 km 1 h 50 min Aufstieg 390 m Abstieg 10 m

Dieser Abschnitt führt uns durch das karge, hoch gelegene Pfossental, ein Seitental des nicht weniger urigen und hochalpinen Schnalstals. Der Wanderweg, ein breiter Zufahrtsweg zu den Almen, folgt dem Talverlauf von der Häusergruppe Vorderkaser bis zum Eishof. Dieses Almgasthaus war früher einer der höchstgelegenen dauerhaft besiedelten Bauernhöfe des Alpenraums; es liegt auf breitem Wiesengrund, von Bergriesen umgeben.

ZUSTIEG

Der Tourismusverein Schnalstal organisiert auf Anfrage einen Shuttle nach Vorderkaser oder sagt Ihnen, bei wem Sie ein Taxi bestellen können, Tel. 0473 679148. Beim Gasthof Jägerrast (1693 m), auch Vorderkaser genannt, endet die Asphaltstraße ins Pfossental.
P Gebührenpflichtiger Parkplatz (3 €, wobei 2 € als Gutschein im Gasthaus Jägerrast eingelöst werden können).

WEGVERLAUF

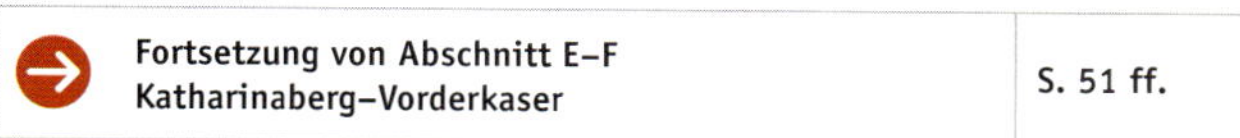
Fortsetzung von Abschnitt E–F Katharinaberg–Vorderkaser — **S. 51 ff.**

Beim **Gasthof Jägerrast** (siehe S. 55) beginnt der breite, taleinwärts führende Schotterweg mit mäßiger Steigung; er ist als Almerlebnisweg ausgelegt, das heißt, Schautafeln informieren längs des Wegs über die landschaftlichen Besonderheiten des Hochtals im Naturpark Texelgruppe und über die beschwerliche Arbeit der Bergbauern bei der Nutzung ihrer kargen Ressourcen.
Nach 1 Stunde Gehzeit erreichen wir die urigen Almhütten der **Mitterkaser** (1954 m) auf einer sonnigen Weide; die schindelgedeckten,

mit Blumen geschmückten Holzblockhäuser und der Herrgott am Wegkreuz sind ein beliebtes Fotomotiv. Das Tal weitet sich, das Panorama ist großartig, gegen Westen zeigen sich die Eisfelder des Similaun, während der Talschluss von der hellen Pyramide der Hohen Weiße (3278 m) dominiert wird.
Weiter geht es jetzt leicht ansteigend zur **Rableidalm** (2004 m), einer weiteren Einkehrstation am Weg zum **Eishof** (2070 m). Letzterer liegt behäbig auf einer überraschend weiten Ebene. Er war vor Jahrzehnten noch ein ganzjährig bewirtschafteter Bauernhof und ist heute ein gut geführtes, nur im Sommer während der Wanderzeit geöffnetes Ausflugsgasthaus mit Fokus auf regionaler und nachhaltiger Küche. Es ist der bewährte Stützpunkt für die Überschreitung des Eisjöchls ins benachbarte Pfelders in Hinterpasseier.

Fortsetzung: Abschnitt G–H
Eishof–Stettiner Hütte **S. 61 ff.**

DER ALMERLEBNISWEG IM PFOSSENTAL

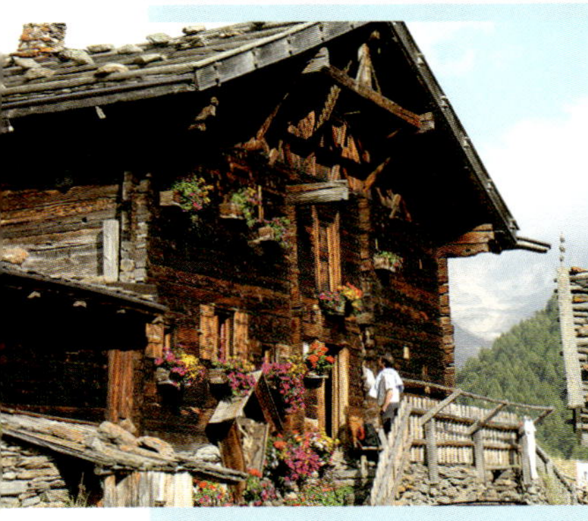
Mitterkaser

Das Landesamt für Naturparke hat im Pfossental einen Erlebnisweg angelegt, um Wanderern die einzigartige Natur- und Kulturlandschaft des Almbereichs zu vermitteln. Es werden 18 Themen aufgegriffen und auf Schautafeln erläutert. Dabei geht es neben der Entstehung und Formung der Landschaft durch die Naturgewalten (Wasser, Schnee, Eis und Gletscher, Lawinen, Erdrutsche, Erosion) um Flora, Fauna und Geologie und insbesondere um die Arbeit der Bergbauern in der Almwirtschaft. So wird in der Schaukäserei des Gasthofs Jägerrast die Käseherstellung gezeigt, bei der Mitterkaser geht es um die Butterherstellung, ein sanierter Waal informiert über das im Vinschgau ebenso wichtige wie einzigartige Bewässerungssystem mittels Kanälen. Weiter geht es um die Wiedereinbürgerung des Steinwilds, die Sagen und Geschichten der Gegend und nicht zuletzt um den Widerstand gegen den Bau eines Staudamms für ein E-Werk – das ganze Tal sollte tatsächlich unter Wasser gesetzt werden!

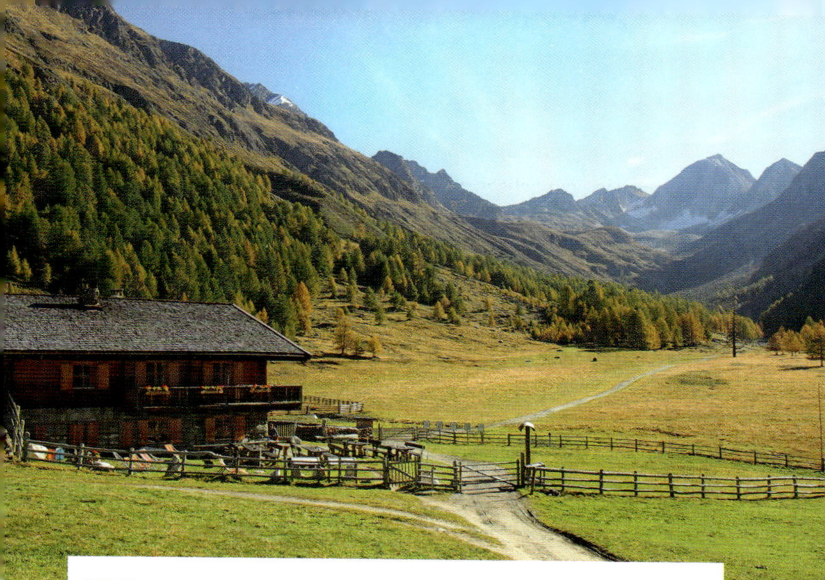

UNTERKUNFT UND VERPFLEGUNG

Eishof

MITTERKASER

Urige Alm mit Milchwirtschaft, Butter-, Käse- und Joghurtherstellung, gute, pfiffige bäuerliche Küche.

- Fam. Gamper, Pfossental 4, Schnalstal, Tel. 333 3747779, www.mitterkaseralm.com
- Einfaches, aber sauberes und gemütliches Bettenlager für ca. 18 Personen
- Für Haus- und Tagesgäste
- Anfang Mai–Anfang Nov.

RABLEID

Im alten Stil neu gebaute Almhütte, große Terrasse, eigene Käserei, typische regionale Küche.

- Pfossental 2, Schnalstal, Tel. 0473 420631, 335 366766, www.rableidalm.com
- 4 Mehrbettzimmer mit 25 Betten, Handtücher und Bettwäsche werden gestellt; warme Duschen
- Für Haus- und Tagesgäste
- Mai–Okt.

EISHOF

Großes Bauernhaus auf einem weiten, ebenen Almboden.

- Ulrich Haller, Jaufenstraße 116, Riffian, Tel. 0473 420524 (Mai–Okt.), 346 7323773 (Nov.–Mai), www.eishof.com
- Mehrbettzimmer, Etagendusche, Handtücher und Bettwäsche vorhanden.
- Für Haus- und Tagesgäste
- Mai–Okt.

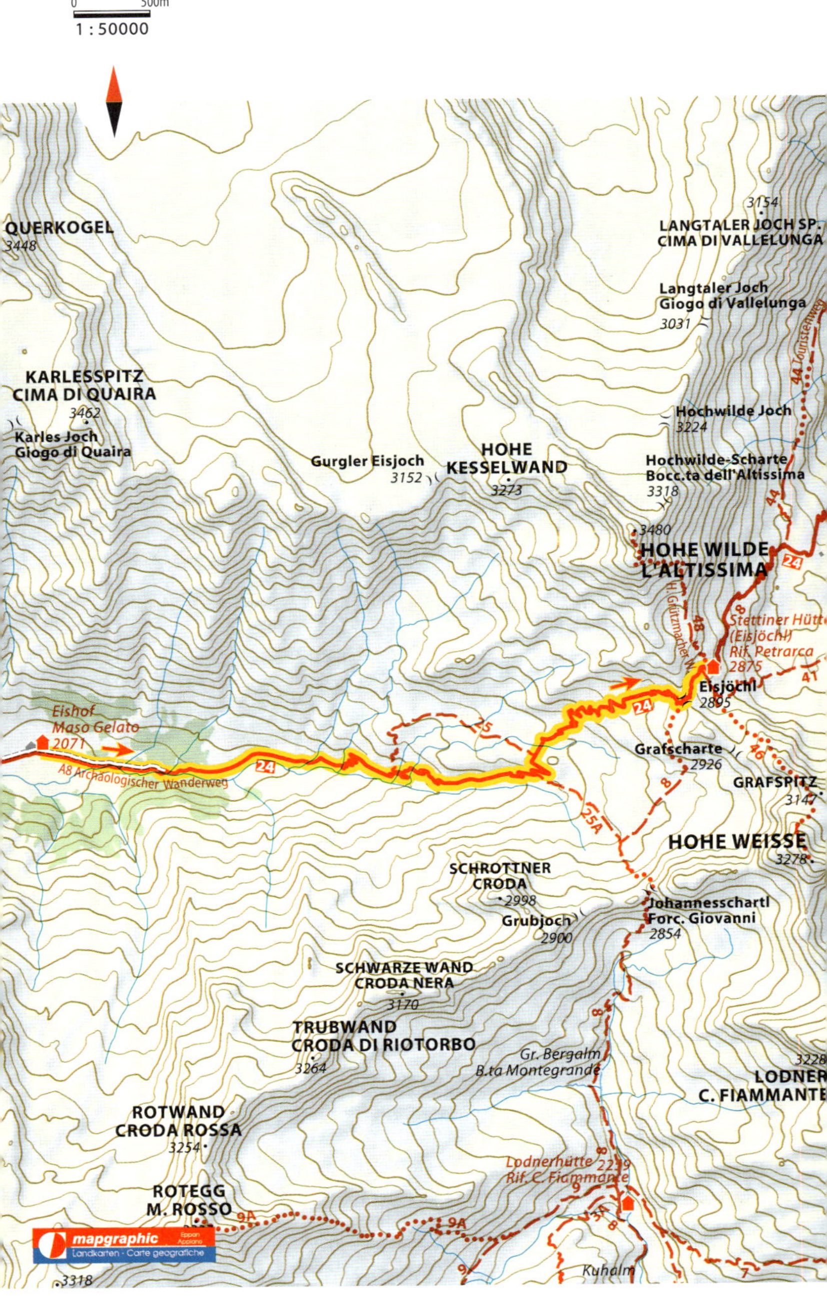
0
500m
1 : 50000
QUERKOGEL
3448
3154
LANGTALER JOCH SP.
CIMA DI VALLELUNGA
Langtaler Joch
Giogo di Vallelunga
3031
KARLESSPITZ
CIMA DI QUAIRA
3462
Karles Joch
Giogo di Quaira
Hochwilde Joch
3224
Gurgler Eisjoch
3152
HOHE
KESSELWAND
3273
Hochwilde-Scharte
Bocc.ta dell'Altissima
3318
3480
HOHE WILDE
L'ALTISSIMA
Stettiner Hütt
(Eisjöchl)
Rif. Petrarca
2875
Eisjöchl
2895
Eishof
Maso Gelato
2071
A8 Archäologischer Wanderweg
Grafscharte
2926
GRAFSPITZ
3147
HOHE WEISSE
3278
SCHROTTNER
CRODA
2998
Grubjoch
2900
Johannesschartl
Forc. Giovanni
2854
SCHWARZE WAND
CRODA NERA
3170
TRUBWAND
CRODA DI RIOTORBO
3264
Gr. Bergalm
B.ta Montegrande
3228
LODNER
C. FIAMMANTE
ROTWAND
CRODA ROSSA
3254
Lodnerhütte 2259
Rif. C. Fiammante
ROTEGG
M. ROSSO
mapgraphic
Eppan Appiano
Landkarten - Carte geografiche
3318
Kuhalm

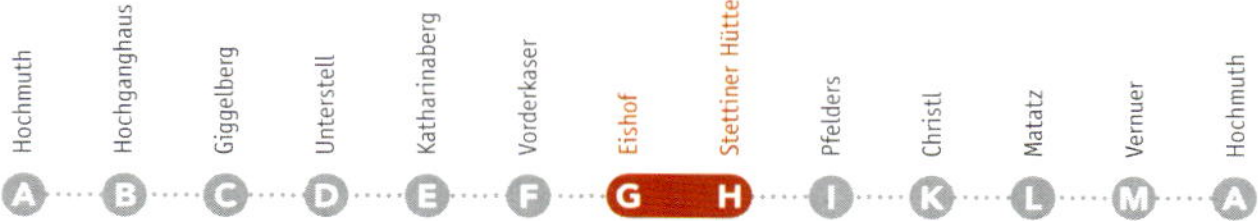

Eishof – Stettiner Hütte

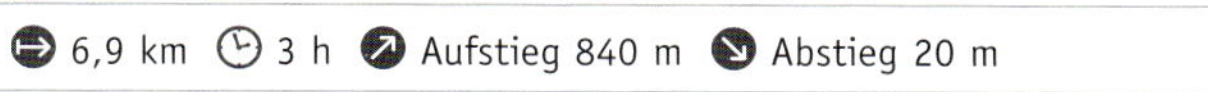

Wir sind auf der „Königsetappe" unterwegs: Dieser Abschnitt führt direkt in die hochalpine Region von Ötztaler Alpen und Texelgruppe, der Weg ist von mächtigen Dreitausendern flankiert. Die Steigung ist gleichbleibend mäßig, unterwegs gibt es keine Einkehrmöglichkeit. Neben gutem Schuhwerk und warmer Kleidung gehören Mütze, Handschuhe, Windjacke und Sonnenschutz in den Rucksack; wir bewegen uns im Hochgebirge, wo es auch im Sommer bei einem Wetterumschwung kalt werden und sogar schneien kann.

ZUSTIEG

Da die Fahrstraße am Parkplatz Vorderkaser/Jägerrast endet, ist der Eishof nur zu Fuß in 1¾ Stunden zu erreichen (Abschnitt F–G).

WEGVERLAUF

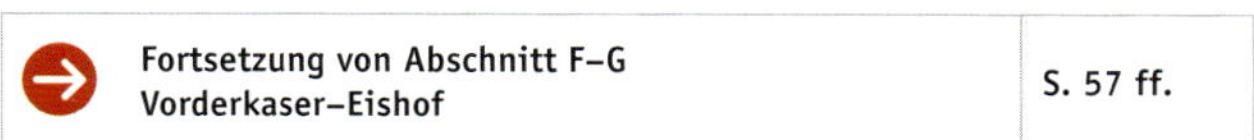

Vor dem **Eishof** (siehe S. 59) dehnen sich weite Almwiesen aus, der breite Weg steigt allmählich an, überschreitet die Baumgrenze und lässt nach und nach auch die Hochweiden zurück: Das Gelände wird karger und rauer. Wir können uns am beeindruckenden Panorama kaum sattsehen. Die Hohe Weiße trägt ihren Namen zu Recht – eine Laune der Natur hat hier bei der Auffaltung der Berge vor Jahrmillionen in die dunklen Gneise und Schiefer eine breite weiße Marmorkalkschicht eingeschoben; daher die Farbe und ihr Name. Zu unserer Linken steigen die Berge des Ötztaler Hauptkamms mit der Hohen Wilde (3480 m) auf; sie bilden die Grenze zu Österreich, das wenige

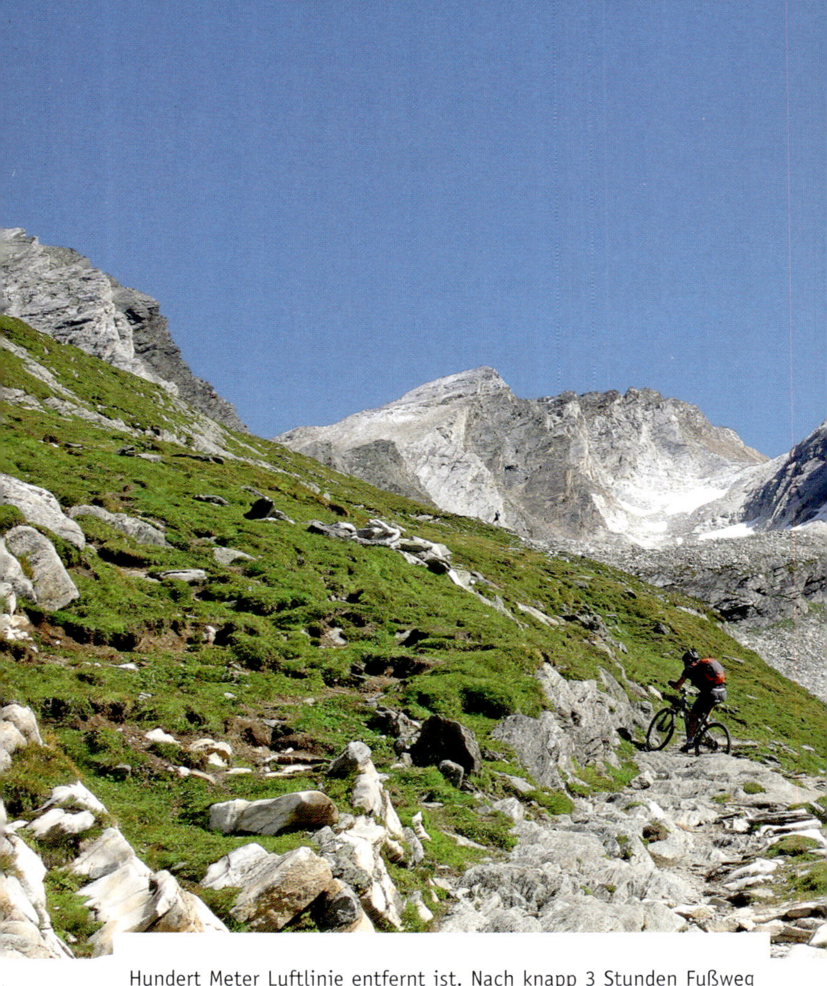

Hundert Meter Luftlinie entfernt ist. Nach knapp 3 Stunden Fußweg erreichen wir das Eisjöchl und genießen die weite Aussicht nach Osten, Richtung Sarntaler Alpen. Das letzte Stück des ansonsten guten und breiten Militärwegs ist etwas mitgenommen und somit steinig und holprig.

Nach wenigen Metern des Abstiegs vom höchsten Punkt des Höhenwegs erreichen wir die **Stettiner Hütte** – bzw. das, was von ihr nach einem Lawinenabgang übrig geblieben ist – und genießen Ruhe, Aussicht und die Verpflegung auf der Terrasse.

Der Weg, der das Pfossental mit Pfelders verbindet, ist nicht nur eine beliebte Wanderroute, sondern auch Teil alpenquerender Mountainbike-Routen, und so treffen wir gelegentlich auch auf Bergradler.

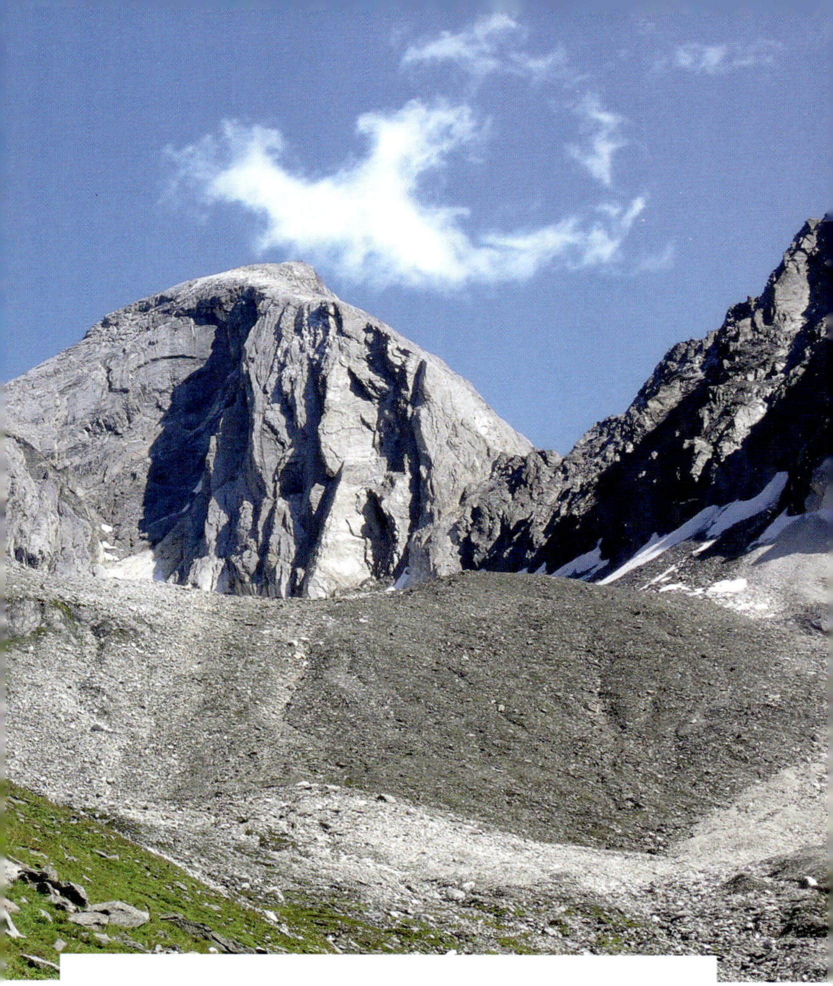

Bis zur Fertigstellung der neuen Stettiner Hütte wird noch Zeit vergehen. Dennoch kann die Hütte bei der Vorbereitung der einzelnen Tagesetappen wieder als Übernachtungspunkt eingeplant werden! Derzeit bieten die Hüttenpächter in einem größeren Holzbau Einkehr- und Verpflegungsmöglichkeit an sowie Unterkunftsmöglichkeiten in kleinen Blockhütten.

Hohe Weiße

Wer zeitig bei der Stettiner Hütte ankommt, kann auch den Abstieg bis nach Pfelders in Angriff nehmen. Die Gehzeit für die Strecke Eishof–Pfelders beträgt 6–7 Stunden, ca. 840 Meter im Anstieg und 1200 m im Abstieg bis Zeppichl, bzw. 1260 m bis Pfelders.

Fortsetzung: Abschnitt H–I **Stettiner Hütte–Pfelders**	**S. 67 ff.**

DIE STETTINER HÜTTE

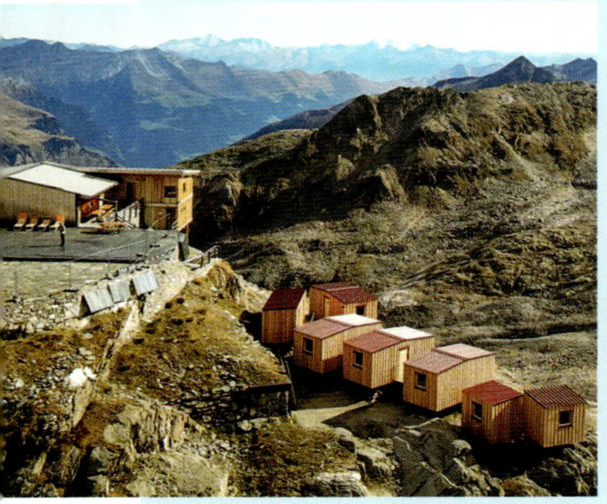

Knapp hinter dem 2895 m hohen Eisjöchl, also bereits auf Pfelderer Seite, liegt – oder soll man sagen, lag – die Stettiner Hütte. Sie hat eine bewegte Geschichte. Sie wurde zugleich mit der Straße nach Pfelders in den Jahren 1895–1897 gebaut. Bauträger war der DÖAV, Sektion Stettin. Kurz vor dem Ersten Weltkrieg wurde die zunächst sehr kleine Hütte erweitert, nach dem Krieg wurde sie enteignet und der Sektion Padua des italienischen Alpenvereins (Club Alpino Italiano) übergeben. Er benannte sie zu Ehren des Dichters Francesco Petrarca in „Rifugio Petrarca all'Altissima" um. Bis heute ist dies der offizielle Name, auch wenn die Hütte von allen, auch in der deutschen Bergliteratur, Stettiner Hütte genannt wird. Nach dem Zweiten Weltkrieg wurde die grenznahe Hütte vom italienischen Militär besetzt, ab 1972 wurde sie wieder bewirtschaftet, 1992 neu gebaut. Im Rahmen der Südtirol-Autonomie gingen die 28 ehemals enteigneten und in Staatsbesitz stehenden Schutzhütten Südtirols an die Autonome Provinz Bozen über. Leider wurde die stattliche Hütte im Februar 2014 von einer Lawine fast vollständig zerstört, ein Neubau an lawinensicherer Stelle ist in Planung.

UNTERKUNFT UND VERPFLEGUNG

STETTINER HÜTTE

Derzeit werden Wanderer in einem größeren Holzbau verpflegt sowie auf der großen Terrasse mit Traumaussicht.

- Fam. Fontana, Dorf 91/A, Pfelders/Moos i. P.,
  Tel. 0473 424244 (Hütte), 347 8742805 (privat), www.stettiner.13h.de
- 40 Betten in 6 Holzhütten sowie 4 WCs; insgesamt 50 Betten
- Für Haus- und Tagesgäste
- 1. Juli–30. Sept.

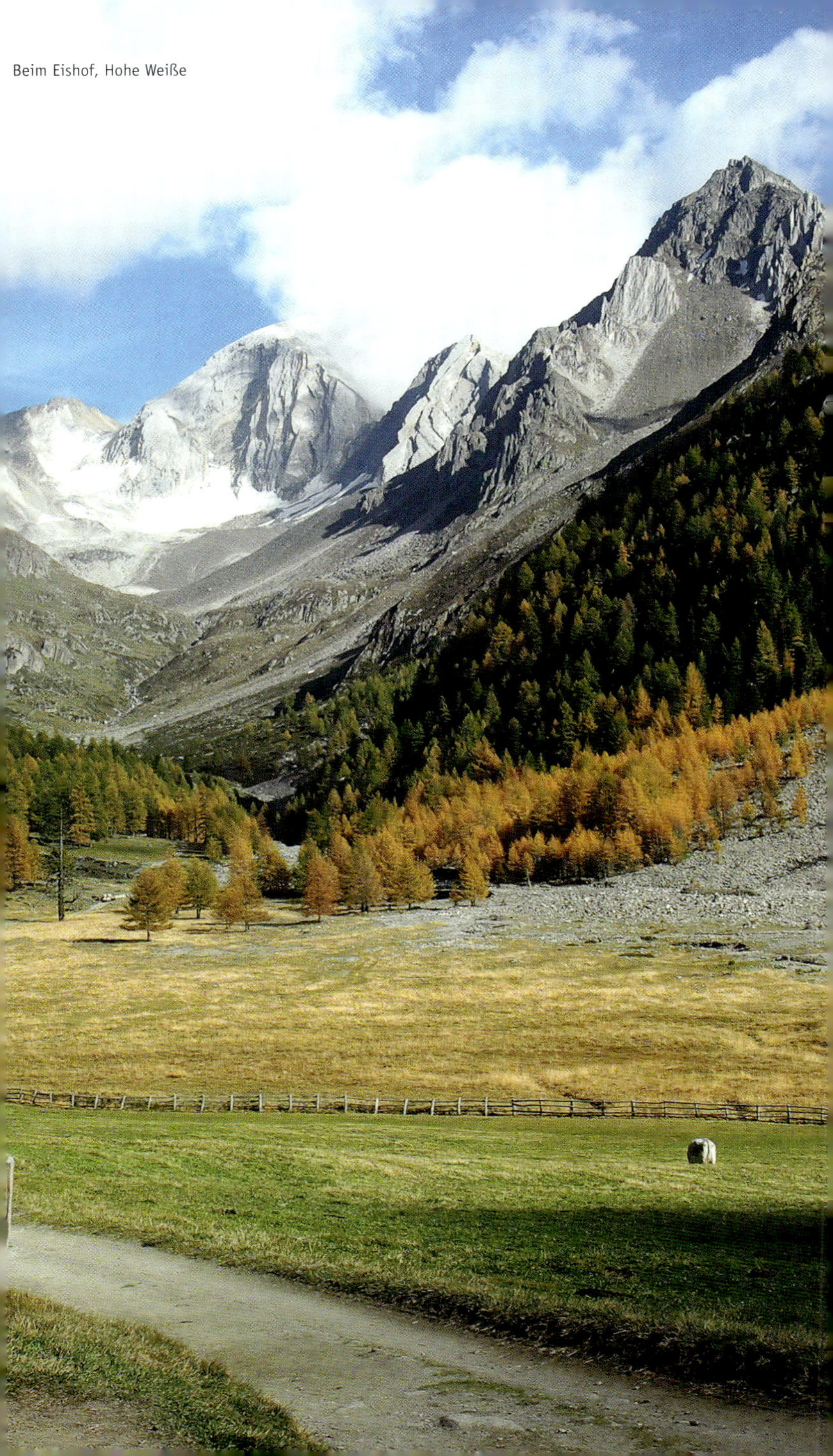
Beim Eishof, Hohe Weiße

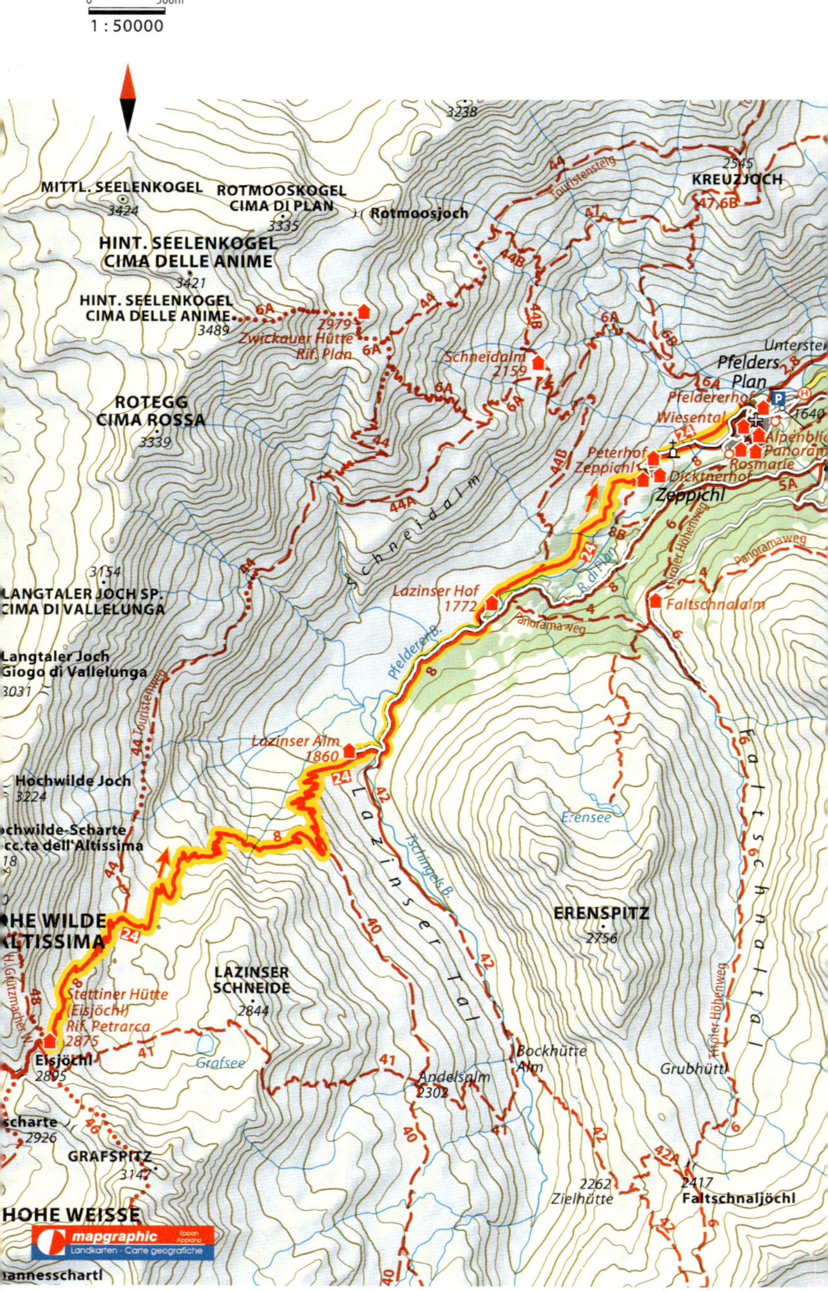

0 500m
1 : 50000
MITTL. SEELENKOGEL
3424
ROTMOOSKOGEL
CIMA DI PLAN
3335
Rotmoosjoch
HINT. SEELENKOGEL
CIMA DELLE ANIME
3421
HINT. SEELENKOGEL
CIMA DELLE ANIME
3489
2979
Zwickauer Hütte
Rif. Plan
Schneidalm
2159
KREUZJOCH
2545
Pfelders
Plan
Pfeldererhof
Wiesental
1640
Peterhof
Zeppichl
Dicktnerhof
Zeppichl
Alpenblic
Panoram
Rosmarie
ROTEGG
CIMA ROSSA
3339
Schneidalm
3238
Touristensteig
LANGTALER JOCH SP.
CIMA DI VALLELUNGA
3154
Langtaler Joch
Giogo di Vallelunga
3031
Lazinser Hof
1772
Faltschnalalm
Panoramaweg
Tiroler Höhenweg
Lazinser Alm
1860
Hochwilde Joch
3224
Hochwilde-Scharte
Forcc.ta dell'Altissima
Erensee
Lazinser Tal
Faltschnaltal
HOHE WILDE
ALTISSIMA
ERENSPITZ
2756
LAZINSER
SCHNEIDE
2844
Stettiner Hütte
(Eisjöchl)
Rif. Petrarca
2875
Eisjöchl
2895
Grafsee
Andelsalm
2302
Bockhütte
Alm
Grubhüttl
GRAFSPITZ
3147
2926
2262
Zielhütte
2417
Faltschnaljöchl
HOHE WEISSE
mapgraphic
Eppan
Appiano
Landkarten - Carte geografiche

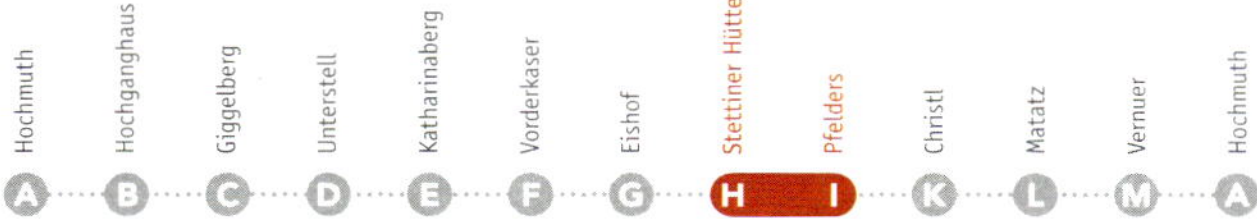

Stettiner Hütte – Pfelders

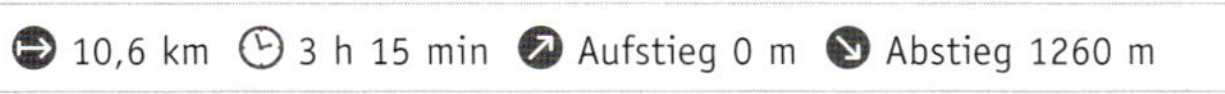
10,6 km 3 h 15 min Aufstieg 0 m Abstieg 1260 m

Ab der Stettiner Hütte bewegen wir uns auf Passeirer Gebiet: Von der hochalpinen Region mit eindrucksvollen Gipfeln und Eisfeldern senkt sich der Weg über Almen zu den Wiesen des Bergdorfs Pfelders ab. Es geht in vielen Serpentinen immer gleichmäßig bergab, am letzten Wegabschnitt liegen mehrere Einkehrmöglichkeiten, und in Pfelders, einem aufstrebenden Sommer- und Winterferienort, finden sich Unterkünfte jeder Kategorie.

ZUSTIEG

Die Stettiner Hütte ist nur zu Fuß von der Vorderkaser im Pfossental oder von Pfelders auf der Passeirer Seite zu erreichen.

WEGVERLAUF

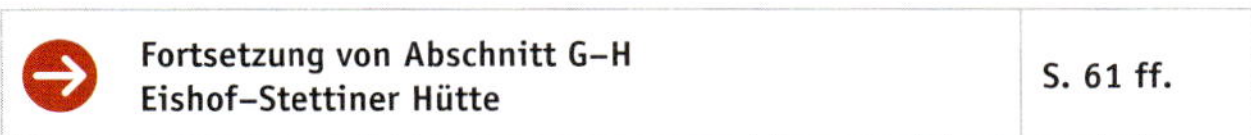
Fortsetzung von Abschnitt G–H Eishof–Stettiner Hütte S. 61 ff.

Der von italienischen Militärs in der Zwischenkriegszeit ausgebaute und verbreiterte Weg passiert zunächst die Ostflanke der Hohen Wilde. An dieser Stelle finden sich nach schneereichen Wintern selbst im Frühsommer meist noch kleine Schneefelder. In gut angelegten Serpentinen geht es in 2 Stunden hinab zur **Lazinser Alm** (1882 m), die am Rande eines ebenen Bodens liegt. Im weiteren Verlauf erreichen wir nach einer halben Stunde die Hüttensiedlung mit dem **Gasthaus Lazins** (1772 m). Die urigen, schindelgedeckten Hütten und Häuser sind ein viel besuchtes Ziel von Tagesgästen aus Pfelders und dem Passeiertal, in der rustikalen Stube und im Gastgarten mit Sonnenschirmen herrscht reges Treiben; es ist ein guter Platz für Jausen, Hausmannskost, Kuchen und Kaffee!

Wir befinden uns auf der linken Seite des Pfelderer Bachs und wandern talauswärts, die Route folgt einem breiten Güterweg und erreicht in 25 Minuten die Häusergruppe von **Zeppichl** (1679 m); diese liegt in dominanter Position auf einer Geländekuppe mitten im Tal. Um einen Bauernhof hat sich ein ganzes Hotelensemble entwickelt, auch hier ist einiges los, Wanderer sind gern gesehene Gäste. Nach **Pfelders**, das schon seit Längerem in Sichtweite ist, gelangen wir auf eine asphaltierte Höfezufahrt: In einer knappen Viertelstunde sind wir bei den ersten Häusern, überqueren den Pfelderer Bach und tauchen ein in das Dörfchen.

Fortsetzung: Abschnitt I–K
Pfelders–Christl

S. 72 ff.

FALLS SIE DIE TOUR UNTERBRECHEN ODER BEENDEN WOLLEN

Von Pfelders – Haltestelle „Pfelders (Moos)" – gibt es eine Busverbindung nach St. Leonhard in Passeier mit Anschlussbus nach Meran, siehe App „Suedtirol2Go".

PFELDERS

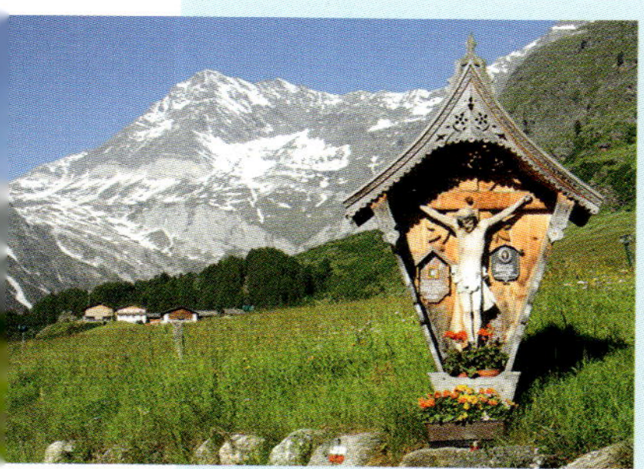

Das im Naturpark Texelgruppe gelegene Dörfchen wollte sich als „verkehrsfreier Ort" profilieren, das Experiment ist nur teilweise gelungen, weil Hotelgästen und Einheimischen die Zufahrt mit eigenem Auto gestattet ist. Jedenfalls wirbt der Ort mit sanfter Mobilität, Tagesgäste stellen ihr Auto am Parkplatz an der Dorfeinfahrt ab. Im Winter herrscht hier reges Treiben: Pfelders ist ein zwar kleiner, aber gut ausgelasteter Wintersportort mit etlichen modernen Aufstiegsanlagen. Es gilt als schneesicher, auch im Sommer regnet es häufig: Hier, an der Alpensüdseite und in ausgesprochener Südstaulage, regnen sich die Wolken ab, die es nicht über die sehr hohen Berge schaffen. Aber auch Schnee oder Regen der Schlechtwetterfronten aus dem Norden schaffen es gerade noch über den Alpenhauptkamm bis nach Pfelders, das damit zu den niederschlagsreichsten Orten Südtirols zählt.

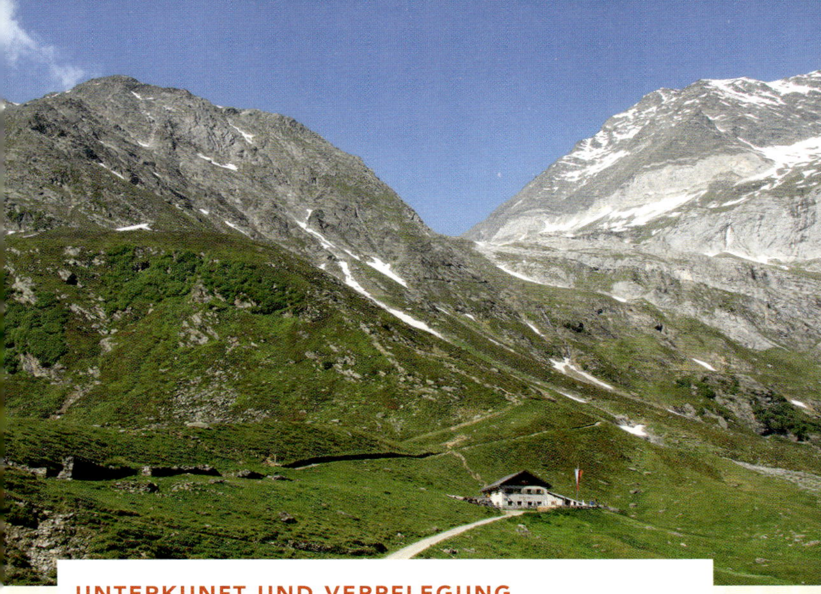

Lazinser Alm

UNTERKUNFT UND VERPFLEGUNG

Im Tourismusort Pfelders gibt es eine gute Auswahl an Betrieben, die Wanderern Tagesübernachtungen anbieten. Infos dazu bietet der Tourismusverein Passeiertal, Passeirer Straße 40, St. Leonhard i. P., Tel. 0473 656188; das Büro Pfelders ist nur in der Hochsaison besetzt: Tel. 0473 646792, www.passeiertal.it.

LAZINSER ALM

Einfache, bewirtschaftete Almhütte am Höhenweg.

- Elisabeth Heel und Michael Raich, Pfelders/Moos i. P., Tel. 340 8989270
- Für Tagesgäste
- Juni–Okt.

GASTHOF/JAUSENSTATION LAZINS

Rustikales, viel besuchtes Ausflugsgasthaus direkt am Höhenweg.

- Fam. Pixner, Pfelders 16, Pfelders/Moos i. P., Tel. 0473 424482
- Für Tagesgäste
- Mitte Mai–Ende Okt und Weihnachten–Ostern geöffnet, Mo. Ruhetag (außer im Aug. und Sept. sowie an Feiertagen)

DICKTNERHOF

Neu erbauter Bauernhof oberhalb des Dorfs im Weiler Zeppichl, der Urlaub auf dem Bauernhof mit Zimmern und Ferienwohnungen anbietet. Verpflegung gibt es im nahen Gasthaus Zeppichl.

- Fam. Pixner, Zeppichl 15a, Pfelders, Tel. 340 2429756, www.dicktnerhof.it
- Für 20 Personen in Einzel-, Doppel- und Mehrbettzimmern, Ferienwohnungen
- Ganzjährig geöffnet

GASTHOF PENSION PETERHOF

Heimische Gerichte, der Chef kocht persönlich, er ist Jäger, so landet öfter Wild auf der Speisekarte.

- Fam. Brunner, Zeppichl 14a, Pfelders, Tel. 0473 646733
- 6 Komfort-Doppelzimmer mit Sat-TV, Balkon. Restaurant, Sonnenterrasse, Parkplatz. Hauptkundschaft sind Feriengäste, die längere Aufenthalte buchen, aber bei Verfügbarkeit werden auch gern Wanderer für nur eine Nacht einquartiert.
- Für Haus- und Tagesgäste
- Ende Juni–Ende Okt., in der Nebensaison Fr. Ruhetag

GASTHAUS ZEPPICHL

In freier Lage am Höhenweg gelegen, gutes Essen, Komfort, Außensauna, schöne Zimmer.

- Fam. Schweigl, Pfelders 15, Pfelders/Moos i. P., Tel. 0473 646762, 334 1810705, www.zeppichl.com
- Einzel-, Doppel- und Mehrbettzimmer, Ferienwohnungen
- Für Haus- und Tagesgäste
- Ganzjährig geöffnet (nur zwischen den Saisonen kurz geschlossen)

PFELDERERHOF

Viersternehaus mit viel Komfort: Hallen- und Freibad, Sauna und Wellnesseinrichtungen.

- Fam. Gufler, Pfelders 29, Pfelders/Moos i. P., Tel. 0473 646706, www.pfeldererhof.it
- 50 Betten in Einzel- und Doppelzimmern, Appartements, Suiten
- Für Hausgäste
- Juni–Okt. und Dez.–Apr., kein Ruhetag

HOTEL RESTAURANT ROSMARIE

Im Ort Pfelders gelegen, bekannt für gutes Essen, neuer Wellnessbereich.

- Fam. Gufler, Pfelders 36, Pfelders/Moos i. P., Tel. 0473 421022 und 346 6861670, www-hotel-rosmarie.it
- 9 Doppelzimmer
- Für Haus- und Tagesgäste
- Juni–Okt. und Dez.–April, Fr. Ruhetag

RESIDENCE PANORAMA

Das Haus wurde umgebaut und wird seit Juli 2017 von Familie Schweigl vom Gasthof Zeppichl als Dreisternebetrieb mit Wellnessbereich geführt.

- Pfelders 33, Pfelders/Moos i. P., Tel. 0473 646762, 334 1810705, www.panorama-pfelders.com, http://zeppichl.com/panorama/
- Doppelzimmer und Mehrbettzimmer
- Ganzjährig geöffnet

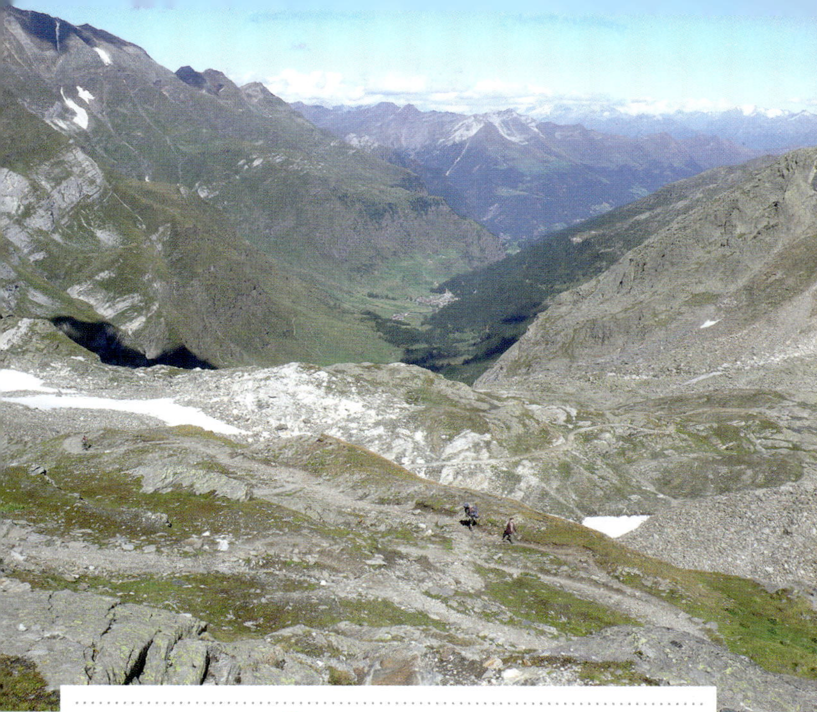

Blick auf Pfelders

HOTEL ALPENBLICK

Großes, komfortables Dreisternehaus mit Wellnesseinrichtung.

- Fam. Hofer, Pfelders 22, Pfelders/Moos i. P., Tel. 0473 646740, www.alpenblick.org
- 58 Betten
- Für Hausgäste
- Juni–Okt.

PENSION APPARTEMENT WIESENTAL

- Fam. Ennemoser, Pfelders 28, Pfelders/Moos i. P., Tel. 0473 646712, www.pension-wiesental.it
- 18 Betten in Zwei- und Mehrbettzimmern
- Nur Frühstück für Hausgäste
- Mitte Mai–Mitte Okt.

GASTHOF INNERHÜTT

Rund 4 km talauswärts, in Richtung Moos, gelegen, also schon auf dem folgenden Wegabschnitt (I–K) liegt der sogenannte „Hütterwirt". Modernes Haus im alpenländischen Stil, kleine Wellnessanlage.

- Fam. Mair, Pfelderer Straße 99, Pfelders/Moos i. P., Tel. 0473 646818, www.innerhuett.com
- 12 Doppelzimmer
- Für Haus- und Tagesgäste
- Ende Mai–Okt. und Dez.–April geöffnet, im Sommer Mo. Ruhetag

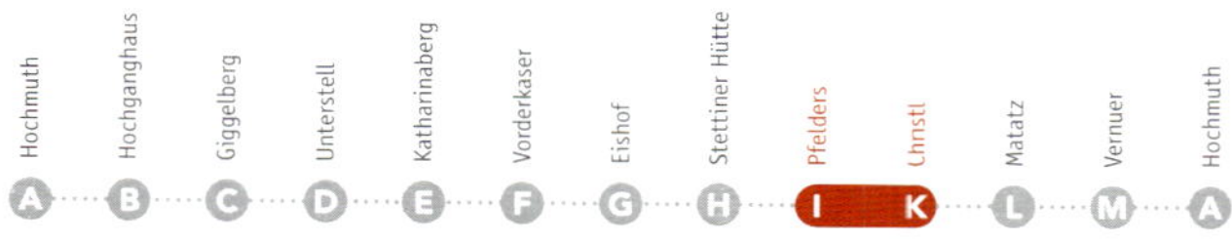

Pfelders – Christl

13,9 km · 4 h 20 min · Aufstieg 260 m · Abstieg 740 m

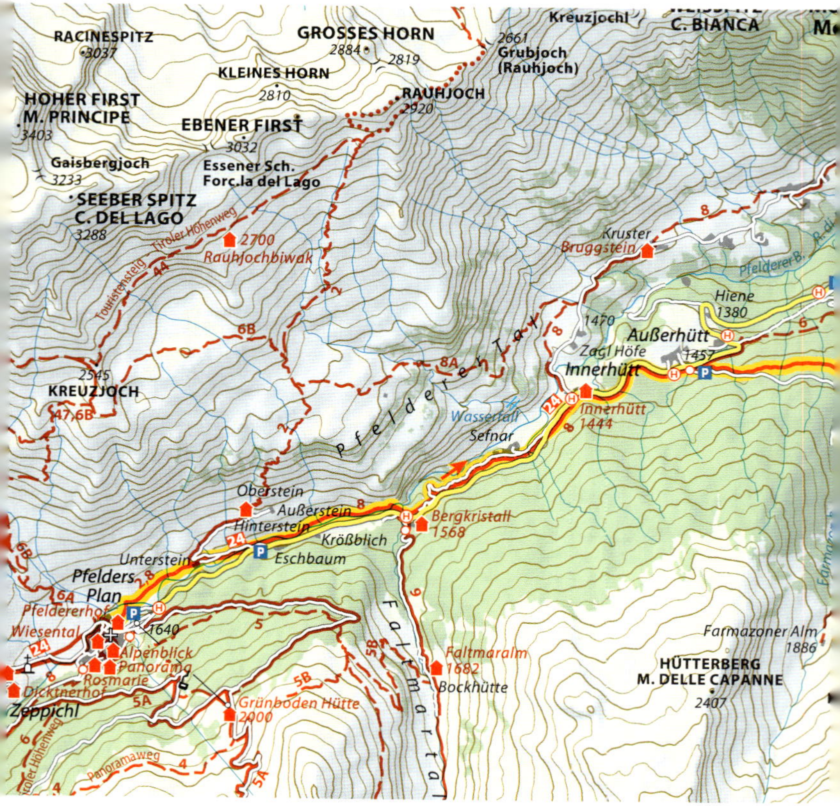

Wir sind nun auf der sogenannten Südroute des Meraner Höhenwegs: Sie zieht sich vom beschaulichen Pfelders entlang der rechten Talseite in einem weiten Bogen zuerst nach Osten, dann Richtung Süden, und führt dabei durch Wiesen und teils dichte Waldstücke von Hof zu Hof. Die Gegend ist üppig grün, ein Zeichen, dass sie mit mehr Niederschlägen als der trockene Vinschgau versorgt wird. Der Blick geht dabei über das hintere Passeiertal zum Dörfchen Stuls, zum Jaufenkamm und zu den Sarntaler Alpen. Wir sind jetzt nicht mehr in so großer Höhe unterwegs wie auf den vorherigen Abschnitten.

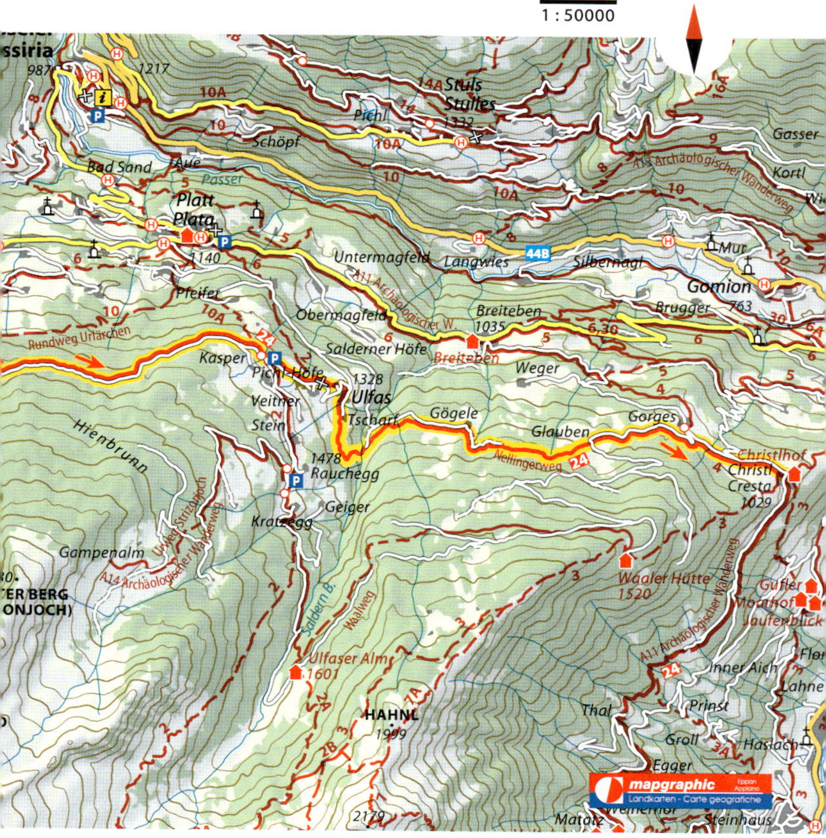

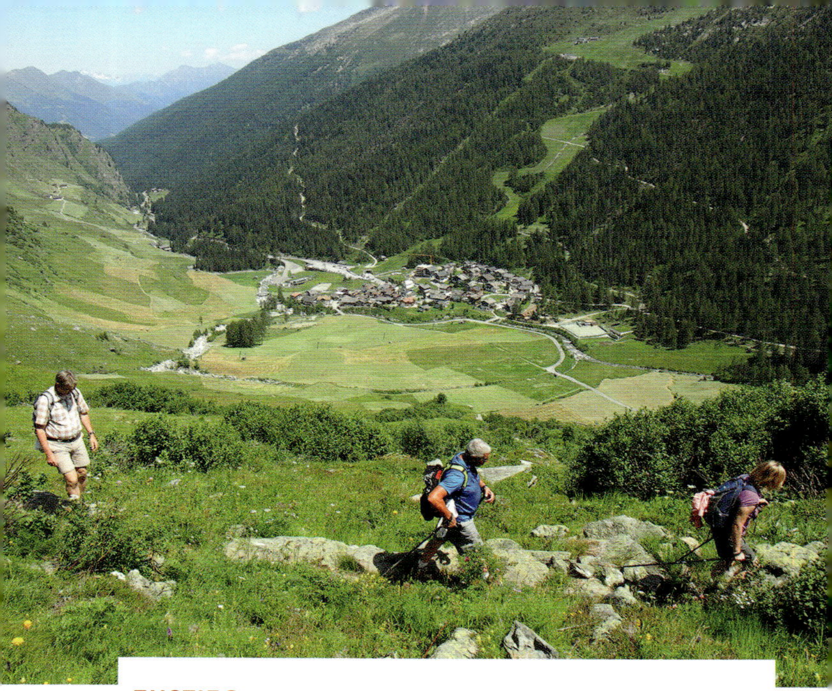

Pfelders Dorf

ZUSTIEG

Pfelders ist mit dem öffentlichen Bus – Endhaltestelle „Pfelders (Moos)", siehe App „Suedtirol2Go" – und mit dem Auto zu erreichen: Anfahrt über die SS 44, die Passeirer Straße, in St. Leonhard auf die SS 44 bis in Richtung Timmelsjoch abbiegen und dann in Moos wieder links auf der SP 114 und noch 11 km nach Pfelders.

P Unbewachter, gebührenpflichtiger Parkplatz am Eingang des Dorfs bei der Talstation der Grünbodenbahn.

WEGVERLAUF

	**Fortsetzung von Abschnitt H–I** **Stettiner Hütte–Pfelders**	**S. 67 ff.**

Wir verlassen **Pfelders**, überqueren gleich den Pfelderer Bach, folgen dem Bachlauf, wechseln dabei abermals das Bachufer. Zur Linken zeigen sich die von Gletscher und Bach abgeschliffenen Felsen, auf schmalen Geländeterrassen liegen Bauernhöfe, daneben steile Wiesen und in der Höhe Almhütten und Viehweiden, hartes bäuerliches Leben! Wir gehen über den hölzernen, großen Fuxsteg und darauf kurz über Asphalt bis zur Bar Bergkristall (1566 m) und treffen auf die Bretterwände zur Absicherung einer Rodelbahn. Nun (leider ohne Rodel) die Rodelbahn hinunter; ab dem **Gasthof Innerhütt**

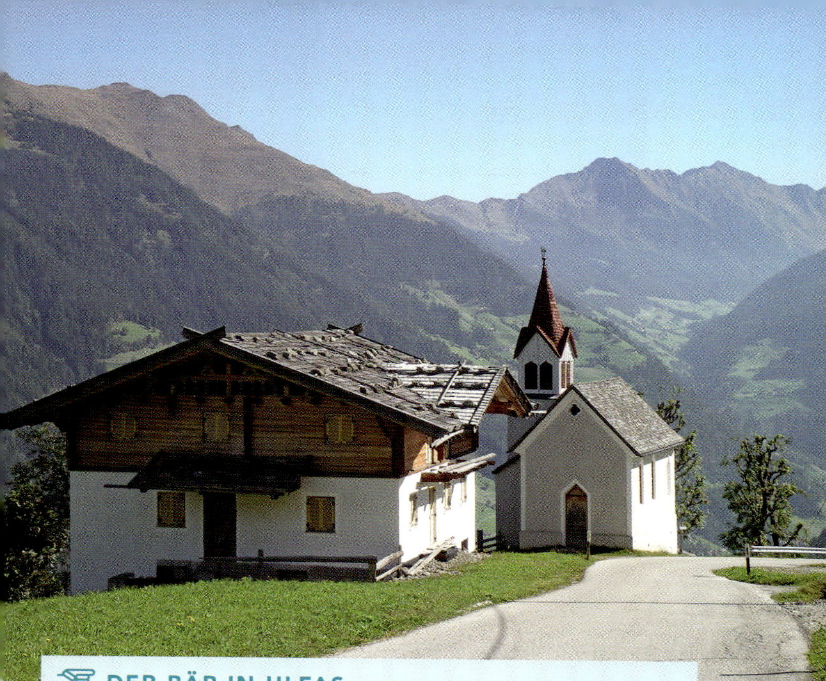

Ulfas

DER BÄR IN ULFAS

Das kleine Kirchlein im Weiler Ulfas ist dem hl. Korbinian geweiht, einem Heiligen aus dem Frankenreich. Im 8. Jahrhundert unternahm er eine Pilgerreise, kam dabei ins Passeiertal und gründete in Kuens, in der Nähe von Ulfas, ein Kloster und eine Kirche. Der Legende nach soll auf der Reise ein Bär das Lasttier des Korbinian gerissen haben, worauf dieser ihm zur Strafe sein Gepäck aufbürdete. Korbinian wird deshalb mit einem Bären dargestellt, der ein Lastenbündel trägt. Er wirkte später auch als Bischof von Freising. Im Dorfwappen von Kuens und am Altar der Ulfaser Kirche ist Korbinian mit dem Bären dargestellt. Auch der emeritierte Papst Benedikt XVI., der Erzbischof von München und Freising war, trägt in seinem Papstwappen den Korbinian-Bären.

(1420 m, siehe Seite 71) gilt es einen knappen Kilometer bis zu den Bauernhöfen von Außerhütt wieder auf Asphalt zu wandern. Bei der Bushaltestelle biegt rechts ein Schotterweg ab (Schild Nr. 24, ein weiteres weist zur Farmazonalm). Nach einem kurzen Stück bergauf zweigen wir links ab. Nun wird es wieder typisch Meraner Höhenweg: einsame Wälder, dazwischen Lichtungen, steile Wiesen und Bergbauernhöfe. Nach der Überschreitung des Farmazonbachs geht es nochmals kurz bergauf und dann über Viehweiden, entlang von Holzzäunen stetig abwärts bis zu den Streuhöfen von Ulfas.

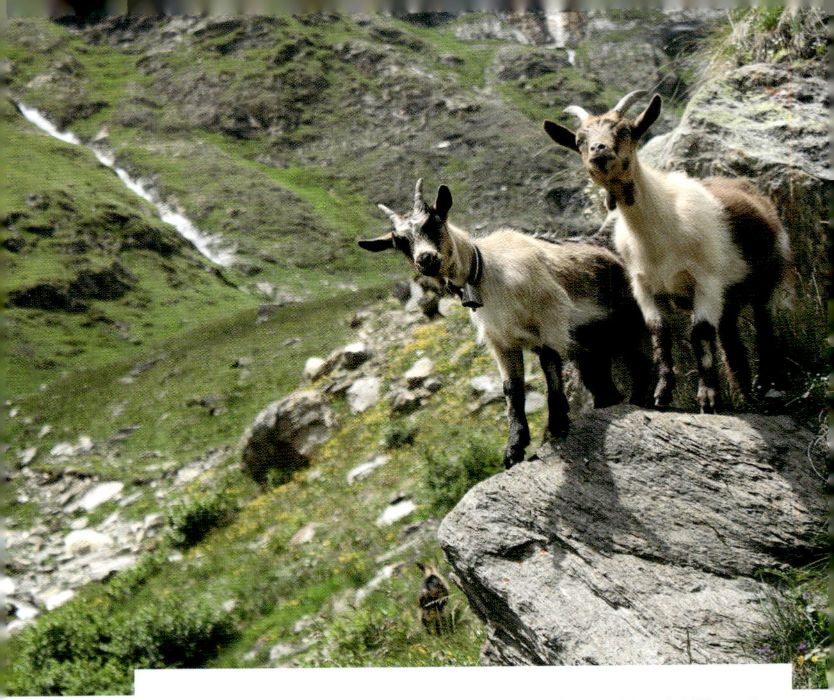

Kurz vor (Markierung Nr. 10A) oder in (Markierung Nr. 2) Ulfas wäre notfalls ein Ausstieg vom Höhenweg zum Dörfchen Platt möglich (jeweils ca. 30 Minuten Abstieg, 1,5 km). Dort Bushaltestelle „Platt (Moos)“, siehe App „Suedtirol2Go“.
Gleich nach Ulfas zweigt von der Ulfaser Straße in einer Linkskehre ein Steig ab, geht über Wiesen und Wald über ein tief eingekerbtes Tal und stößt auf dem gegenüberliegenden Hang wieder auf eine Asphaltstraße. Auf dieser wandern wir ca. 300 m bis zum Gögelehof, dann geht es auf einem Feldweg auf die Häuser von Christl zu, dem Endpunkt dieses Abschnitts. Der Weiler mit dem gleichnamigen **Gasthaus Christl** (1132 m) liegt wie ein Schwalbennest auf einem Geländerücken und blickt über das Tal. Die kurzen Stücke auf Asphalt sollten uns nicht stören, die Bauernhöfe brauchen eine gute Zufahrt, das erleichtert Wohnen und Wirtschaften der Landwirte ungemein.
Zum Übernachten bietet sich unterhalb der Trasse auch das **Gasthaus Jaufenblick** sowie der **Moarhof** an.

Bei Christl macht der Weg einen deutlichen Schwenk nach Südwesten. Tief unten liegt St. Leonhard im Passeiertal und nordöstlich ist das obere Teilstück der Jaufenpass-Straße zu erkennen. Auf dem folgenden Abschnitt geht es schon in die Nähe der Gegend um Meran.

Fortsetzung: Abschnitt K–L
Christl-Matatz **S. 81 ff.**

FALLS SIE DIE TOUR UNTERBRECHEN ODER BEENDEN WOLLEN

Entlang der Pfelderer Straße gibt es Bushaltestellen („Bergkristall", „Innerhütt" sowie „Außerhütt", siehe App „Suedtirol2Go"). Kurz vor Ulfas sind die oben erwähnten Abstiege nach Platt möglich. Dort Unterkunft, Verpflegung und Bushaltestelle. In Christl könnten Sie sich per Pkw abholen lassen.

ALS TAGESAUSFLUG

Wer diesen Abschnitt als Tagesauflug wählt, nimmt in der Sportzone von St. Leonhard (Haltestelle „St. Leonhard, Passeirerhof", siehe App „Suedtirol2Go") den Bus nach Pfelders und wandert auf dem Höhenweg bis Christl. Dort kann man auf Weg Nr. 4 in gut einer Stunde die knapp 3 km und 475 Höhenmeter nach St. Leonhard absteigen.

DAS WASSER IN HINTERPASSEIER

Das Hinterpasseier, Pfelders zählt dazu, ist sehr wasserreich. Von den Gletschern des Alpenhauptkamms stürzen auch im Sommer zahlreiche Bäche mit Schmelzwasser zu Tal. Zwischen Platt und Moos bildet der Pfelderer Bach einen imposanten Wasserfall, den „Stieber", der durch einen Panoramaweg erschlossen ist.
Ein Staudamm sammelt bei Moos das Bachwasser und leitet es auf die Turbinen eines gemeindeeigenen E-Werks, so wird Stromgeld in die Dorfkassen gespült. Im Gegenzug hat die Betreibergesellschaft zwischen Moos und St. Leonhard in Passeier einen spektakulären Wanderweg mit vielen Metallbrücken und Stegen durch das enge Tal der Passer finanziert und bauen lassen, mittlerweile ist dieser Schluchtenweg ein wichtiger Baustein im Erlebnisangebot von Hinterpasseier.
Beide Attraktionen, Stieber und Schluchtenweg, liegen nicht an unserem Höhenweg, aber lohnen den Besuch, falls Sie das Hinterpasseier als Ausgangspunkt wählen.

Fuxsteg

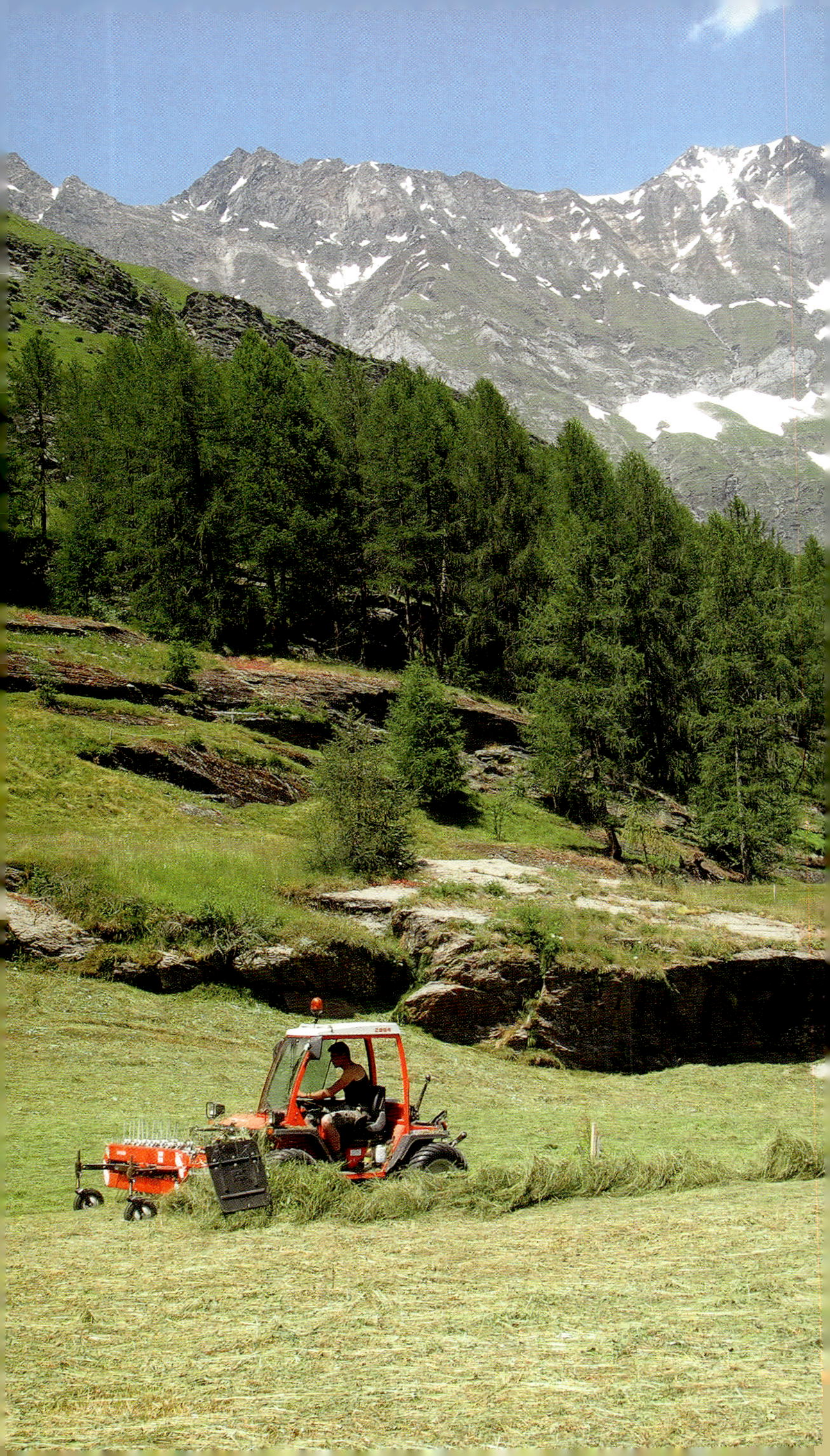

UNTERKUNFT UND VERPFLEGUNG

CHRISTLHOF

Im schmucken Neubau sind die Ferienwohnungen, im alten Bauernhaus die Zimmer (mit Etagenduschen) untergebracht. Dort können müde Wanderer in der gemütlichen Stube einkehren oder sich im Garten im Schatten einer ausladenden Linde mit kleinen kalten Gerichten stärken und sich an der prächtigen Aussicht erfreuen.

- Josef Ennemoser, Christlhof Nr. 5, St. Martin i. P., Tel. 0473 656246, 347 0424563, www.christlhof.it
- 3 Doppelzimmer, 4 Mehrbettzimmer
- Wer übernachtet und hier in den Höhenweg einsteigt, kann sein Auto parken.
- Für Hausgäste, für Tagesgäste kalte Gerichte, nur von Ostern bis Ende Okt.
- Zum Übernachtungen ganzjährig geöffnet, So. Ruhetag

GASTHAUS JAUFENBLICK

Weil die Übernachtungsmöglichkeiten auf diesem Abschnitt dünn gesät sind, erwähnen wir auch diesen Betrieb, wenngleich er nicht an der Strecke und zudem ein gutes Stück unterhalb von Christl liegt. Von dort sind etwa 300 Höhenmeter auf Weg Nr. 3 zum familiengeführten Berggasthaus Jaufenblick abzusteigen (und am nächsten Tag wieder aufzusteigen, es sei denn, der Wirt organisiert eine Fahrt zurück zum Weg). Der Gasthof liegt auf 850 m, auf halber Höhe zwischen dem Talgrund und dem Höhenweg, und bietet durchgehend warme Küche mit bodenständiger Tiroler Kost. Von der großen Terrasse geht der Blick über das Passeiertal, zum Jaufenpass (daher der Name) und nach Süden, Richtung Meran.

- Fam. Gufler, Flon-Matatz-Str. 5, St. Martin i. P., Tel. 0473 641027, 340 4956458, www.gasthausjaufenblick.com
- Hauptkundschaft sind Feriengäste, die längere Aufenthalte buchen, aber bei Verfügbarkeit werden auch gern Wanderer für nur eine Nacht einquartiert. 10 Doppelzimmer
- Für Haus- und Tagesgäste
- Ostern–Allerheiligen, Fr. Ruhetag

MOARHOF

Auch der Moarhof (860 m) liegt deutlich unterhalb des Höhenwegs, in der Nähe vom Gasthaus Jaufenblick. Es ist ein großer, vor etlichen Jahren neu ausgebauter Bauernhof. Die Bauersleute bringen Übernachtungsgäste am nächsten Tag mit dem Auto wieder auf den Höhenweg zurück. Wer übernachtet und hier auf den Höhenweg einsteigt, kann parken.

- Fam. Gufler, Flon-Matatz-Str. 7, St. Martin i. P., Tel. 0473 641155, www.moarhof.bz.it
- 8 Zimmer für bis zu 15 Personen
- Nur für Hausgäste
- Ostern–Ende Okt.

0 500m
1 : 50000

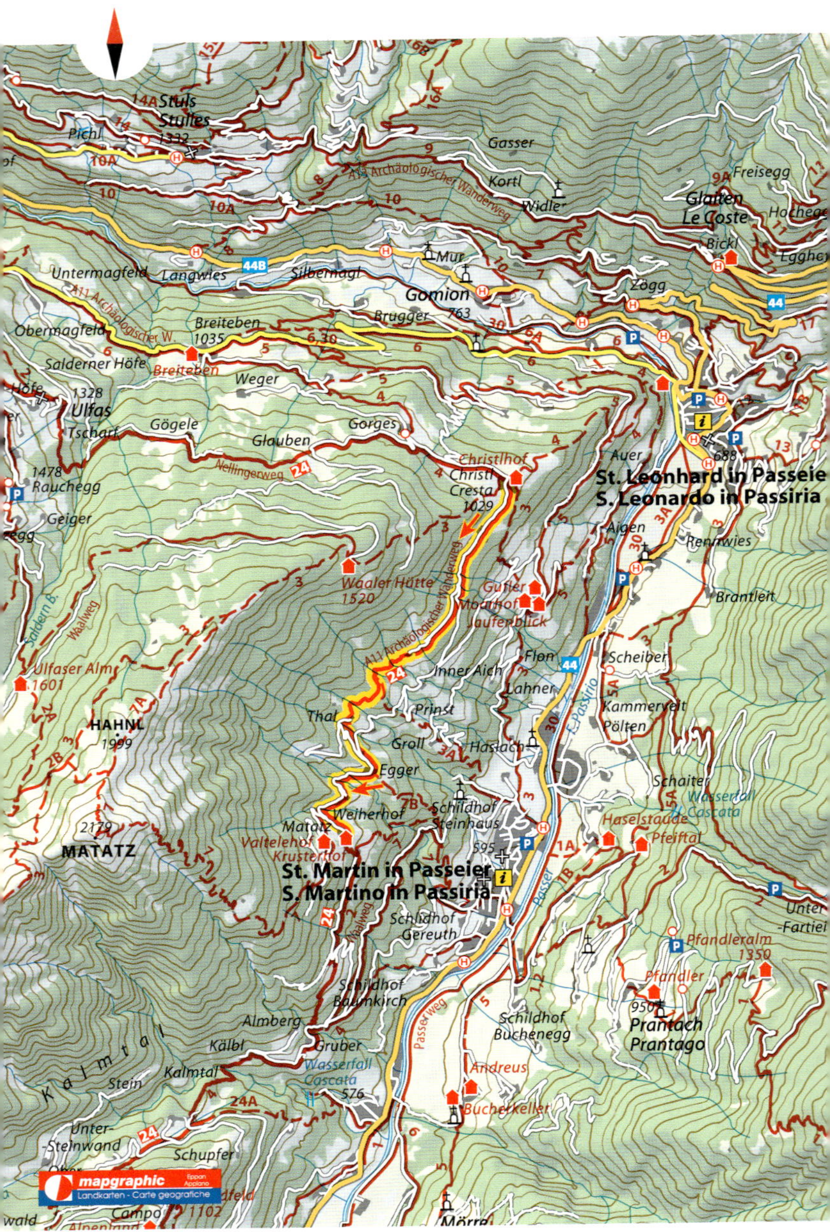

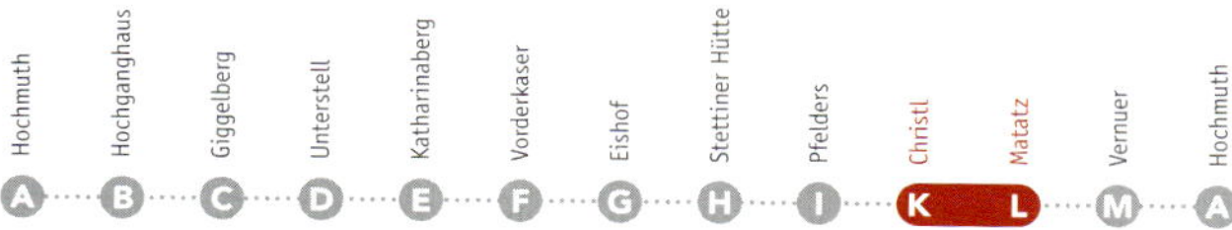

Christl – Matatz

3,8 km 1 h 10 min Aufstieg 45 m Abstieg 135 m

Ab dem Weiler Christl führt der Höhenweg an der steilen Westflanke des Passeiertals entlang Richtung Meran. Der Weg bietet prächtige Ausblicke ins Tal, zur gegenüberliegenden Berggruppe von Ifinger und Hirzer und zu den von Rodungsinseln und einzelnen Bauernhöfen durchsetzten Wäldern. Dieser Abschnitt des Höhenwegs ist der kürzeste. Asphaltstücke wechseln sich mit Wald- und Wiesensteigen ab; im Gegensatz zur Vinschgauer und zur Schnalstaler Seite bewegen wir uns nur knapp über sowie unter der 1000-Meter-Marke, wir sind also nicht so hoch unterwegs. Auf den etwas weniger steilen Geländestücken breiten sich Wiesen und Bauerhöfe aus, am Ende erwartet uns ein nettes Berggasthaus (Valtelehof) und ein Bauernhof (Krusterhof).

ZUSTIEG

Christl ist mit dem Auto auf schmaler asphaltierter Bergstraße in 8,5 km ab St. Martin in Passeier zu erreichen: Die Zufahrt zweigt im Gewerbegebiet an der Nordausfahrt des Dorfs bei einer Bushaltestelle ab.

P Wer Christl als Ausgangspunkt wählt, wird sich schwertun, dort das Auto mehrere Tage zu parken; es gibt keine geeigneten öffentlichen Parkplätze. Übernachtungsgäste dürfen allerdings in der Regel bei den Betrieben ihr Auto stehen lassen.

WEGVERLAUF

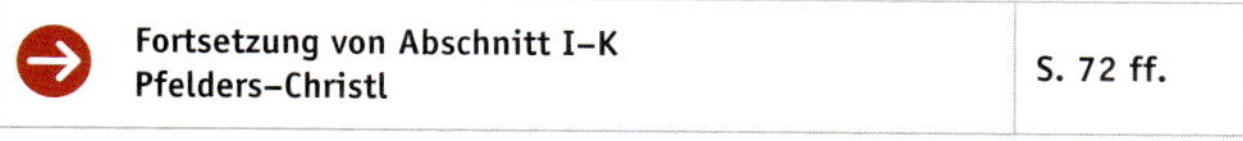

Kurz nach Christl liegt ein Bauernhaus mit dem ungewöhnlichen Namen Lockngeier am Weg. Nun geht es neben, unterhalb oder auf einem Güterweg, zwischendurch auf einem Steig, durch den Wald. Abgesehen von kleinen Zwischensteigungen fällt ab Christl der Weg ständig ab. Bei der Häusergruppe vom Eggerhof treffen wir wieder auf Asphalt; der Weg führt ums „Eck“, bald kommt rechts die Abzweigung zum **Berggasthaus Valtelehof**. Dieses liegt nur rund 10 Minuten und 40 Höhenmeter oberhalb unserer Route. Wer auf diesem Wegabschnitt ein Nachtquartier sucht, ist dort oder beim nahen Krusterhof gut aufgehoben. Vor Magdfeld gibt es keine weitere Verpflegungsmöglichkeit. Der **Krusterhof** bietet Unterkunft und Hausgästen auch Verpflegung.

Fortsetzung: Abschnitt L–M
Matatz–Vernuer

S. 85 ff.

DIE ESCHE

An Wiesen- und Waldrändern entlang der Wege und neben Häusern und Scheunen treffen wir auf der Passeirer Seite des Höhenwegs immer wieder auf einen für die Bergbauern wichtigen Laubbaum: die Esche *(Fraxinus excelsior)*. Der tief wurzelnde, schnell wachsende Laubbaum festigt die abrutschgefährdeten Steilhänge, wichtiger jedoch ist seine Funktion als Futterreserve für das Vieh. An vielen der Bäume sind verdickte und gestutzte Äste zu sehen. In Trockenperioden, wenn das Gras auf den Wiesen dürr und das Futter für die Tiere knapp wurde, wussten sich die Bauern zu helfen: Die belaubten Äste der Esche wurden abgehackt und das Laub an die Kühe verfüttert. Die Eschen erholen sich problemlos von dem Kahlschlag und treiben wieder aus.

FALLS SIE DIE TOUR UNTERBRECHEN ODER BEENDEN WOLLEN

Der Höhenweg berührt zwischen Christl und Matatz mehrmals die asphaltierten Hofzufahrten. Es gibt zwar keine Busverbindungen, aber die Möglichkeit, sich von einem Taxi abholen zu lassen: Infos beim Tourismusverein Passeiertal, Büro St. Martin, Tel. 0473 641210, www.passeiertal.it.

ALS TAGESAUSFLUG

Wer diesen Abschnitt als Tagesauflug plant, steigt von St. Martin steil über alte Wege und Steige (Markierung Nr. 3) in 1½ Stunden die 550 Höhenmeter zum Christlhof auf, wandert über den Höhenweg (Markierung Nr. 24, weitgehend eben) zum Krusterhof und von dort bergab zu den Gruberhöfen und weiter (Markierung Nr. 4) ins Dorf St. Martin zurück. Gehzeit insgesamt 4 Stunden, 11 km, 600 Höhenmeter.

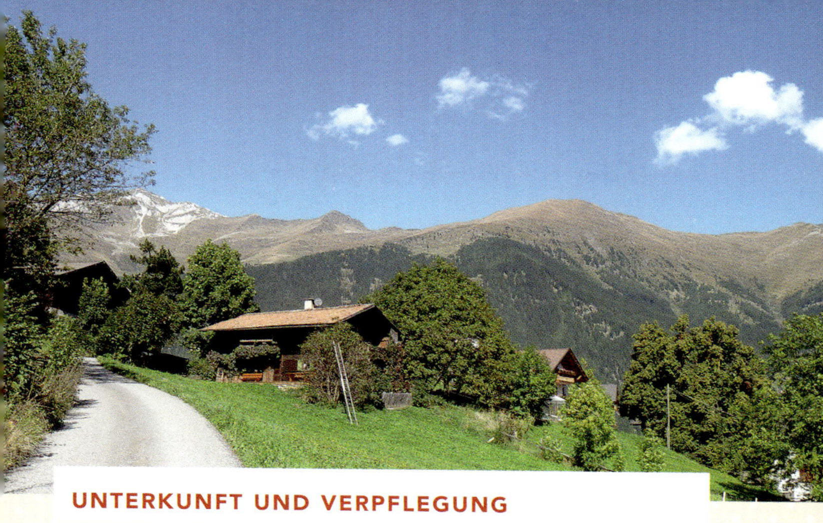

UNTERKUNFT UND VERPFLEGUNG

VALTELEHOF

Das Berggasthaus liegt auf fast 1200 m Höhe auf einer kleinen Geländeterrasse am Waldrand, oberhalb steiler Bergwiesen, mit prächtiger Aussicht zum gegenüberliegenden Hirzer und über das Passeiertal. Eine gemütliche Gaststube lädt zur Rast ein, bei schönem Wetter sitzt es sich gut im Garten. Gutbürgerliche regionale Küche. Viel Gemüse aus dem eigenen Garten, Fleisch von den Tieren auf dem Hof.

- Fam. Marth/Pircher, Flon-Matatz-Str. 34, St. Martin i. P., Tel. 0473 641329, 346 8232645, www.valtelehof.com
- Für 18 Personen, Mehrbettzimmer für Wanderer
- Wer übernachtet und hier in den Höhenweg einsteigt, kann sein Auto parken.
- Für Haus- und Tagesgäste
- Übernachtung: Ostern–Nov., Gasthof: März–Ende Nov.

KRUSTERHOF

Großer Bauernhof, direkt am Höhenweg, großzügig für Urlaub auf dem Bauernhof ausgebaut. Viele Haustiere, Kinderspielplatz.

- Fam. Bortolotti, Flon-Matatz-Str. 36, St. Martin i. P., Tel. 0473 641335, www.krusterhof.com
- 1 Doppel- und 1 Dreibettzimmer und 3 Ferienwohnungen für bis zu 15 Personen, Hunde gegen Aufpreis (3 €) möglich
- Wer übernachtet und hier in den Höhenweg einsteigt, kann sein Auto eine Woche gratis parken.
- Nur für Hausgäste
- Geöffnet Mai–Anfang Nov.

Sollte alles ausgebucht sein, gibt es die oben erwähnte Möglichkeit, sich von einem Taxi abholen zu lassen und das große Übernachtungsangebot in St. Martin in Passeier zu nutzen.

0 500m
1 : 50000

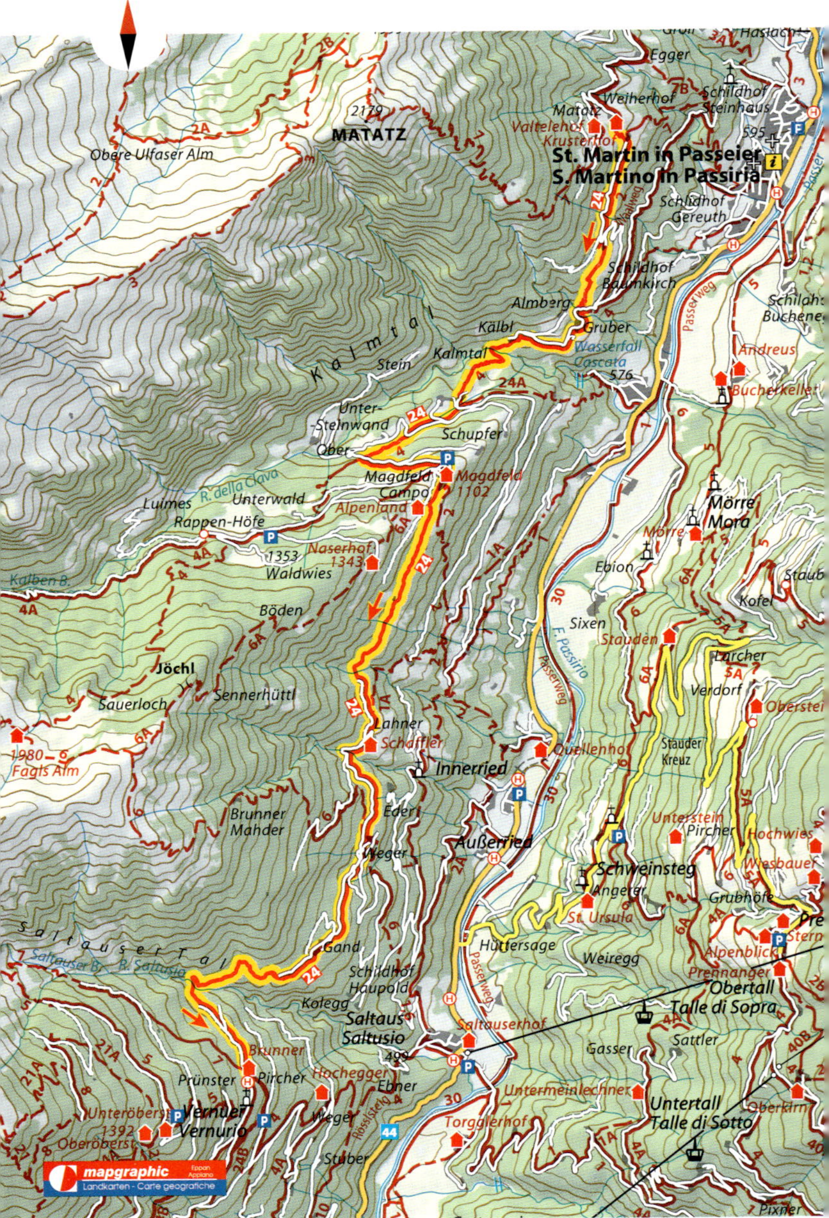

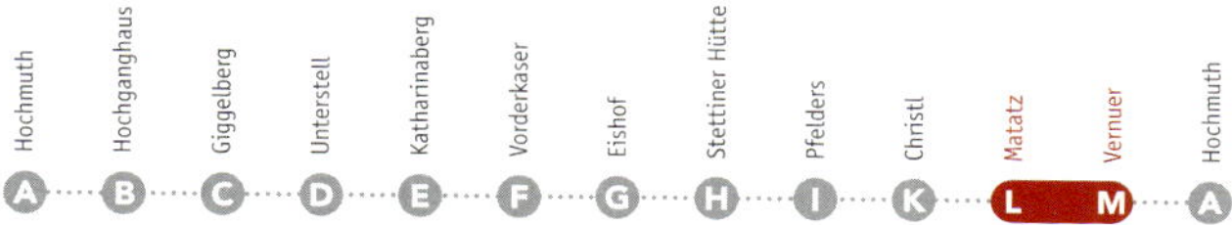

Matatz – Vernuer

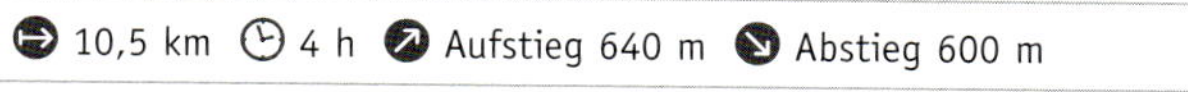
10,5 km | 4 h | Aufstieg 640 m | Abstieg 600 m

Diese Teilstrecke verläuft vom Krusterhof in Matatz stetig bergab zu den Gruberhöfen, überquert den Kalmbach, geht dann bergauf zum Gasthaus Magdfeld und anschließend in langer Hangquerung mit prächtiger Aussicht über das Tal zur Häusergruppe von Vernuer mit dem Gasthaus Brunner, unserem Abschnittsziel.

ZUSTIEG

Matatz sowie der Kruster- und der Valtelehof (siehe S. 83) sind mit dem Auto auf schmaler asphaltierter Bergstraße in 6,5 km ab St. Martin in Passeier zu erreichen: Die Zufahrt zweigt im Gewerbegebiet an der Nordausfahrt des Dorfs bei einer Bushaltestelle ab.

P Wer Matatz als Ausgangspunkt wählt, wird sich schwertun, dort das Auto mehrere Tage zu parken; es gibt keine geeigneten öffentlichen Parkplätze. Übernachtungsgäste dürfen allerdings in der Regel bei den Betrieben ihr Auto stehen lassen, in diesem Fall beim Krusterhof und beim Valtelehof.

WEGVERLAUF

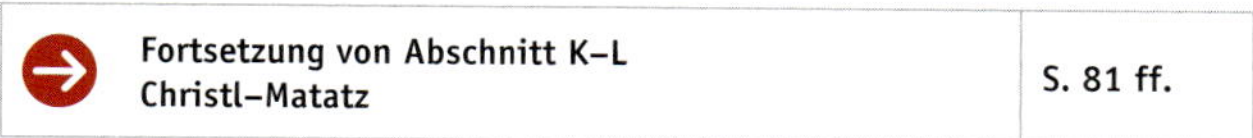
Fortsetzung von Abschnitt K–L Christl–Matatz | **S. 81 ff.**

Ab dem **Krusterhof** (siehe S. 83) geht der Höhenweg leicht bergab, am alten, verlassenen Krusterhof vorbei. Gegenüber liegt der Weiherhof. Vorsicht: Auf alten Landkarten ist dieser noch als Gasthaus eingetragen, die Wirtschaft ist aber seit über einem Jahrzehnt geschlossen. Ein Steig kürzt etwas von der Asphaltstraße ab. Bald erreichen wir die Gruberhöfe. Kurz danach sind wir am rauschenden Kalmbach und damit an der tiefsten Stelle des Höhenwegs auf 780 m. Wir überqueren diesen und nun heißt es wieder aufsteigen. Unterwegs treffen wir auf

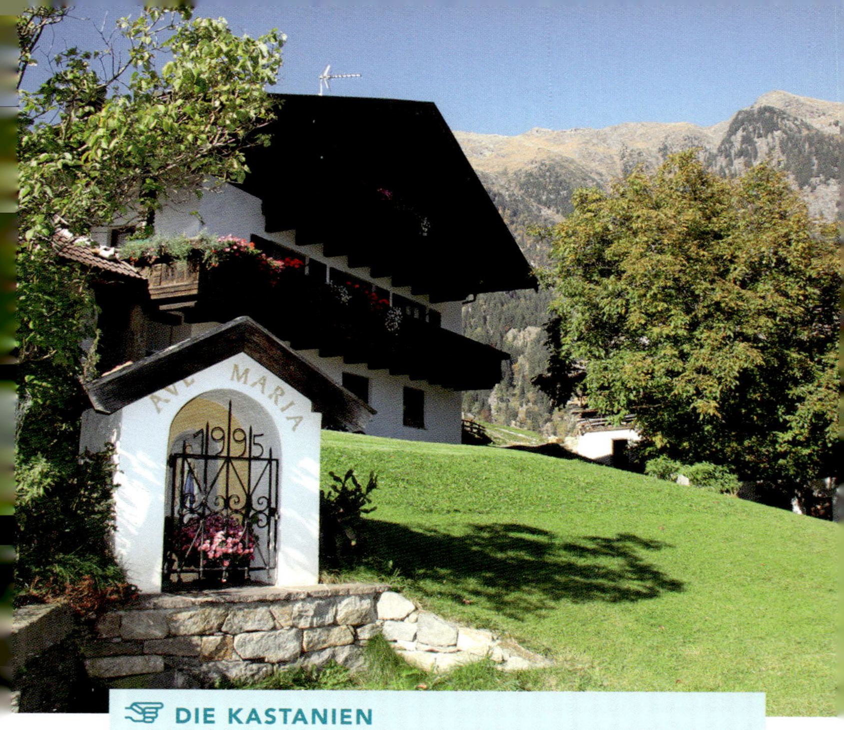

DIE KASTANIEN

Die Kastanie, gemeint ist hier die Edelkastanie (Castanea sativa), auch Esskastanie genannt, war einst ein unverzichtbares Lebensmittel. Die Früchte wurden gesammelt, getrocknet, geschält, gemahlen und dann zum Kochen und Backen genutzt. Der Kastanienbaum wurde deshalb auch „Brotbaum" genannt. Mittlerweile hat die Kastanie ihren Stellenwert als Grundnahrungsmittel zwar verloren, aber ihr Siegeszug in der Spezialitätenküche setzt sich unvermindert fort. Sie ist ein fester Bestandteil der herbstlichen Speisekarten in den Restaurants und insbesondere in den Buschen- und Hofschänken. Alle Bäume, die Esskastanien hervorbringen, sind veredelt und gepflanzt. Deshalb die Früchte, die scheinbar unbeachtet am Boden liegen, nicht aufsammeln! Sie gehören den Bauern, die sie zu gegebener Zeit ernten.

einzelne mächtige, uralte Kastanienbäume. Von Bauernhof zu Bauernhof geht es jetzt abwechselnd auf Steigen, Bergwegen und kurzen Asphaltstücken bis nach Magdfeld, einer Häusergruppe mit dem **Gasthaus Magdfeld**. Hier beginnt wieder ein spannender Teil des Höhenwegs, der nun steiles Gelände auf Felsterrassen, Waldstücken und Ziegenweiden quert. Zäune, Geländer und Seile geben Sicherheit, Stufen entschärfen Steilstücke. Kurz nach Magdfeld liegt am Steilhang, mitten in einer Ziegenweide mit Gestrüpp, Büschen und

vereinzelten Bäumen, die **Hofschenke Alpenland**, eine einfache Einkehr und Unterkunftsmöglichkeit. Der auf diesem Teilstück schmale und ausgesetzte Steig führt unterhalb vorbei und taucht bald wieder in den Wald ein.
Kurz vor dem Weiler Vernuer (ca. 1100 m), der auf einer etwas weniger steilen Hangverflachung liegt und ein großartiges Panorama bietet, heißt es den Bachgraben des Saltauser Bachs queren. Dann sind wir am Ende dieses Abschnitts und kehren beim **Gasthaus Brunner** ein.

Fortsetzung: Abschnitt M–A **Vernuer–Hochmuth**	**S. 91 ff.**

VERNUER

Erst seit den 1970er-Jahren sind die wenigen Höfe der winzigen Ortschaft, die sich in Ober- und Untervernuer gliedert, durch eine Straße erschlossen. Das Kirchlein mit dem hölzernen Turm wurde 1734 erbaut und ist dem hl. Johannes von Nepomuk geweiht, einem Heiligen, der bei Hochwasser und Murgängen angerufen wird; Letztere ist eine in den von Bachgräben zerfurchten Steillagen allgegenwärtige Gefahr. Vernuer ist mit kaum 40 Einwohnern ein Ortsteil der Gemeinde Riffian. Beim Brunnerhof kann eine restaurierte wassergetriebene Säge besichtigt werden, und zwar eine sogenannte Venezianersäge. Sie diente den Bauern von Vernuer über Jahrhunderte als Gemeinschaftssäge. Für die Besichtigung beim Gasthof Brunner anfragen.

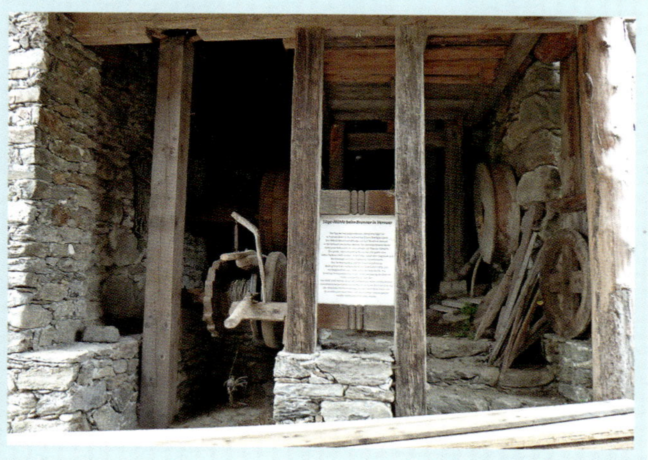

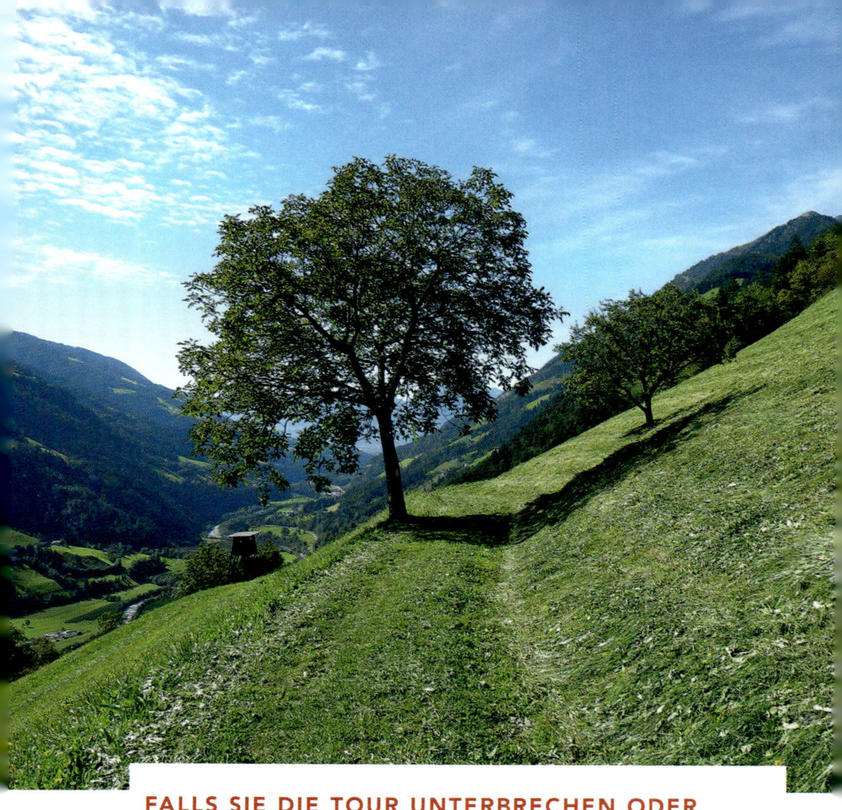

FALLS SIE DIE TOUR UNTERBRECHEN ODER BEENDEN WOLLEN

Von April bis Anfang November Busverbindung ab Vernuer über Riffian nach Dorf Tirol, Haltestelle „Vernuer (Riffian)“, siehe App „Suedtirol2Go“. Der Höhenweg trifft zwischen Matatz und Vernuer mehrmals auf die asphaltierten Hofzufahrten, somit besteht eine Abholmöglichkeit durch ein Taxi, Infos bei den Tourismusvereinen Passeiertal, Büro St. Martin, Tel. 0473 641210, oder Riffian, Tel. 0473 241076, www.passeiertal.it.

ALS TAGESAUSFLUG

Wer diesen Abschnitt als langen und anspruchsvollen Tagesauflug plant, steigt von St. Martin steil über alte Wege und Steige (Markierung Nr. 3A) in knapp 1½ Stunden die 500 Höhenmeter zum Höhenweg auf, wandert südwestwärts über den Höhenweg (Markierung Nr. 24) weitgehend eben zum Krusterhof und nun weiter bergab bis zu den Gruberhöfen, von dort bergauf nach Magdfeld und nun hinab (Markierung Nr. 2) zur Bushaltestelle „Quellenhof (St. Martin in Passeier)“ und per Bus zurück zum Ausgangspunkt im Dorfzentrum St. Martin. Gehzeit insgesamt 5 Stunden, 12 km, 910 Höhenmeter im Aufstieg, 1020 im Abstieg.

UNTERKUNFT UND VERPFLEGUNG

GASTHAUS MAGDFELD

Das einfache Berggasthaus liegt aussichtsreich auf einer Geländekante auf 1150 m. Ganztägig Imbisse und Jausenteller, typische heimische Kost, auch pfiffige Gerichte wie die Bergsteigernudeln (mit einer Soße aus Bergkräutern, Pfifferlingen und Speck) und immer auch etwas für Vegetarier, z. B. gebratene Käseknödelscheiben mit Salat.

- Fam. Ilmer, Magdfeld 2, Riffian, Tel. 0473 641249, 338 4865021 oder 348 7652424, www.gasthaus-magdfeld.com
- 1 Bettenlager mit getrennten Schlafräumen (2er-, 3er- und 4er-Raum) für bis zu 10 Personen
- Für Haus- und Tagesgäste
- Ostern–Ende Okt., Mo. Ruhetag

HOFSCHENKE ALPENLAND

Einfache und rustikale Einkehrmöglichkeit auf 1135 m. Ganztätig warme Küche, bodenständige Gerichte: Omeletts, Spiegeleier mit Speck, Schaf- und Ziegenbraten, Kuchen. Rosina Illmer bewirtschaftet das vor wenigen Jahren in den Steilhang gebaute Haus allein und versorgt auf der Weide Schafe und Ziegen.

- Kalmtaler Straße 21, St. Martin i. P., Tel. 335 5632580 oder 348 7768296, www.hofschenke-alpenland.com
- Einfache Zimmer, Lager für max. 8 Personen
- Für Haus- und Tagesgäste
- Mai–Okt.

GASTHAUS BRUNNER

Neben dem gleichnamigen Bauernhaus auf 1100 m gelegen. Terrasse, Wintergarten mit Panoramablick. Ganz auf Tagesgäste und Wanderer eingestellt. Durchgehend warme Küche: traditionelle Gerichte wie Knödel, Kaiserschmarrn und Omeletts, an Sonn- und Feiertagen stets ein Braten. Kuchen und Apfelstrudel.

- Fam. Hofer, Vernuer-Riffian 13, Tel. 0473 241036, gasthausbrunner.wix.com/gasthaus-brunner
- Für bis zu 19 Personen in 3 Doppel- und 2 Dreibettzimmern sowie einem Mehrbettlager
- Für Haus- und Tagesgäste
- März–Nov., Di. Ruhetag

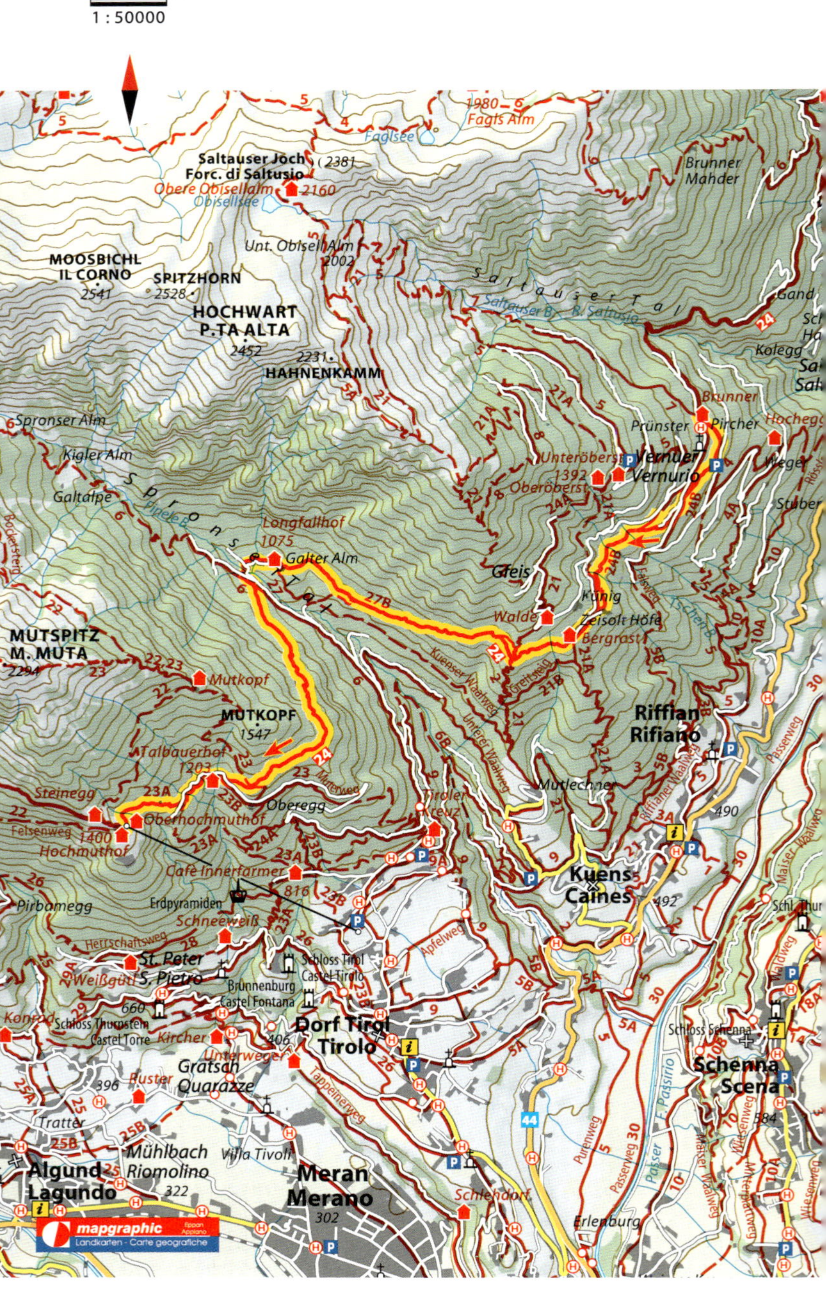

1 : 50000
Saltauser Joch
Forc. di Saltusio
Obere Obisellalm 2160
Unt. Obisell Alm 2002
MOOSBICHL
IL CORNO
2541
SPITZHORN
2528
HOCHWART
P.TA ALTA
2452
HAHNENKAMM
Saltauser Tal
Fagls Alm
Brunner Mahder
Spronser Alm
Kigler Alm
Galtalpe
Spronser Tal
Longfallhof 1075
Galter Alm
Brunner
Prünster
Pircher
Vernuer
Vernurio
Unteröberst 1392
Oberöberst
Greis
Walde
Zeisolt Höfe
Bergrast
MUTSPITZ
M. MUTA
2294
Mutkopf
MUTKOPF
1547
Talbauerhof 1203
Steinegg
Oberhochmuthof
Hochmuthof 1400
Oberegg
Tiroler Kreuz
Riffian
Rifiano
Kuens
Caines
Cafe Innerfarmer
Erdpyramiden
Schneeweiß
Pirbamegg
St. Peter
S. Pietro
Weißgütl
Schloss Tirol
Castel Tirolo
Brunnenburg
Castel Fontana
Schloss Thurnstein
Castel Torre
Kircher
Dorf Tirol
Tirolo
Unterweger
Gratsch
Quarazze
Schloss Schenna
Schenna
Scena
Tratter
Algund
Lagundo
Mühlbach
Riomolino
Villa Tivoli
Meran
Merano
Schlehdorf
Erlenburg
mapgraphic
Landkarten - Carte geografiche

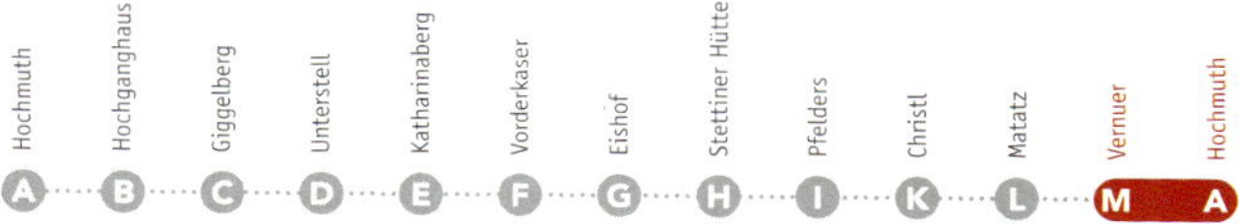

Vernuer – Hochmuth

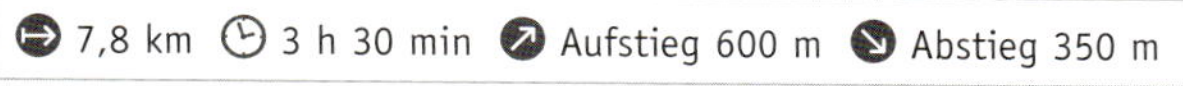

Dieser Abschnitt umrundet die steilen Ostflanken der Texelgruppe zwischen der Streusiedlung Vernuer und der Bergstation der Seilbahn Hochmuth am Südhang der Mutspitze. Dabei quert die Trasse den tiefen Einschnitt des Spronser Tals mit dem Finelebach, dreht nach Südwest, umrundet den Mutkopf und endet bei den Muthöfen. Auf dieser Strecke finden wir viele Einkehrmöglichkeiten, insbesondere am Endpunkt des Abschnitts macht sich der Einfluss und Andrang der Tagesgäste aus dem Meraner Raum bemerkbar.

ZUSTIEG

Vernuer und Gfeis sind über eine Autostraße vom Passeiertal aus zu erreichen.

P Wer Vernuer als Ausgangspunkt wählt, wird sich schwertun, dort das Auto mehrere Tage zu parken; es gibt keine geeigneten öffentlichen Parkplätze. Übernachtungsgäste dürfen allerdings in der Regel bei den Betrieben ihr Auto stehen lassen.

Von April bis Anfang November fährt ab Dorf Tirol ein Bus über Riffian nach Vernuer; siehe App „Suedtirol2Go". Die Unterkünfte in Vernuer und Gfeis organisieren einen Zubringerdienst.

WEGVERLAUF

Fortsetzung von Abschnitt L–M Matatz–Vernuer	**S. 85 ff.**

Ab **Vernuer** geht es ein Stück auf Asphalt über Wiesen südwärts, leicht bergauf; bald zweigt der Steig links in den Bergwald ein und verläuft parallel zum breiten Höfeweg. Nach knapp einer Stunde erreichen wir in größtenteils ebener Wanderung die Wiesen und Höfe von

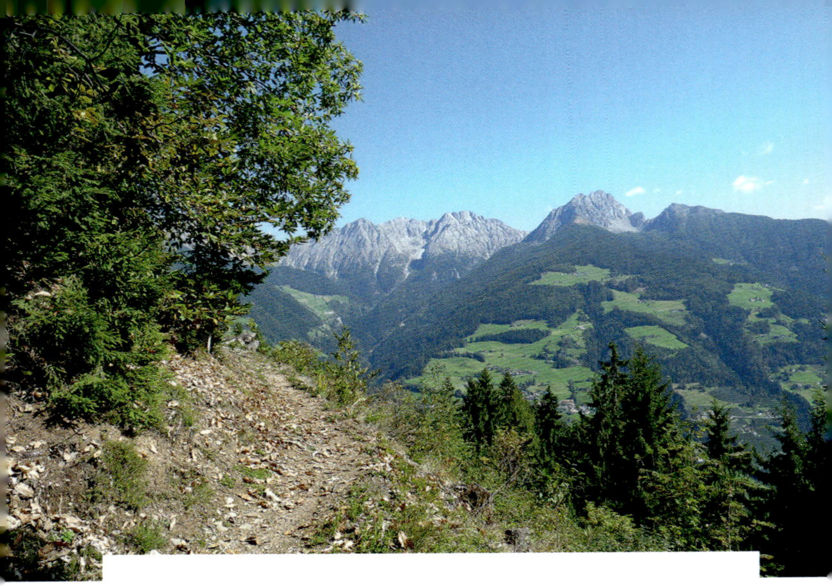

Gfeis, einem Streuweiler hoch über Kuens und Riffian. Wie ein Adlerhorst liegt er am Steilhang auf einer weiten Rodungsinsel und bietet grandiose Blicke ins Etschtal, auf das Meraner Becken und auf die Gipfel der Sarntaler Alpen mit den Felspyramiden von Ifinger und Hirzer. Der **Hofschank Bergrast** (1187 m) verpflegt nur mehr Hausgäste, aber etwas oberhalb des Höhenwegs (Abzweigung ca. 500 m nach Bergrast beachten) empfängt das **Gasthaus Walde** (1310 m) mit einem guten Angebot. Nach Gfeis taucht der Weg wieder in den Wald ein, es geht zügig bergab, der Steig quert den steilen, felsdurchsetzten Berghang, der vom Hahnenkamm (nicht der Kitzbüheler Skiberg!) ins Spronser Tal – den tiefsten und markantesten Einschnitt der östlichen Texelgruppe – abfällt. Auf einer Wiesenterrasse liegt der **Longfallhof**, ein einfaches Berggasthaus. Wir folgen der breiten Höfezufahrt bis zum Finelebach und überqueren diesen auf einer Brücke. Kurz danach, wir sind mit 1044 m am tiefsten Punkt angelangt, zweigt der Steig rechts ab und führt steil über Stufen in den Wald. Der Weg umrundet den Mutkopf, Seilsicherungen entschärfen knifflige Stellen, der Steig ist gemein steil, bis wir wieder die 1300-Meter-Marke erreichen und es wieder bergab geht, zur nächsten Einkehrstation, dem **Gasthaus Talbauer** (1209 m).
Die Aussicht über Meran und ins Etschtal ist prächtig, über uns sehen wir die Bergstation der Seilbahn und die **Gasthäuser Hochmuth** (1361 m) und **Oberhochmuthof** (1380 m), zu denen es noch aufzusteigen gilt – eine finale Anstrengung von gut einer halben Stunde, dann sind wir am Ziel dieses Abschnitts.

Fortsetzung: Abschnitt A–B
Hochmuth–Hochganghaus **S. 23 ff.**

FALLS SIE DIE TOUR UNTERBRECHEN ODER BEENDEN WOLLEN

Unterwegs besteht die Möglichkeit, vom Longfallhof in ca. einer Dreiviertelstunde etwa 280 Höhenmeter zum Gasthof Tiroler Kreuz abzusteigen. Dort Bushaltestelle „Dorf Tirol, Tiroler Kreuz", siehe App „Suedtirol2Go".
Die Seilbahn Hochmuth am Endpunkt dieses Abschnitts bringt Wanderer bequem hinunter nach Dorf Tirol (Tel. 0473 923480, www.seilbahn-hochmuth.it), dort (Haltestelle „Dorf Tirol, Seilbahn Hochmuth") Busanschluss nach Meran; siehe App „Suedtirol2Go".

ALS TAGESAUSFLUG

Wer diesen Abschnitt als Tagesauflug wählt, erwandert ihn am besten gegen den Uhrzeigersinn: Von der Bergstation der Seilbahn Hochmuth geht es auf dem Höhenweg ost- bzw. nordwärts bis Vernuer, und von dort – Haltestelle „Vernuer (Riffian)" – zwischen April und Anfang November mit den Bussen der Linie 224 und 222 zurück zur Haltestelle „Dorf Tirol, Seilbahn Hochmuth", siehe App „Suedtirol2Go".

DIE MUTHÖFE

An der steilen Südflanke der Mutspitze, dem südlichsten Ausläufer der Texelgruppe, kleben eine Handvoll Bauernhöfe auf Rodungsinseln. Trotz ihrer exponierten und extrem steilen Lage auf 1100 bis 1400 m Höhe sind die jahrhundertealten Anwesen bewirtschaftet, wobei mittlerweile der Tourismus das wichtigste ökonomische Standbein ist. Die Höfe sind beliebte Ausflugsziele, von Dorf Tirol sind sie über einen Wanderweg, mit Seilbahn und seit 2006 auch über eine den Anrainern vorbehaltene Autostraße zu erreichen.

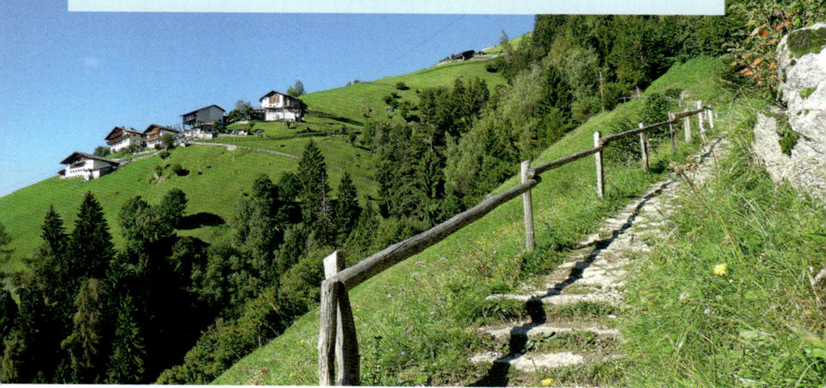

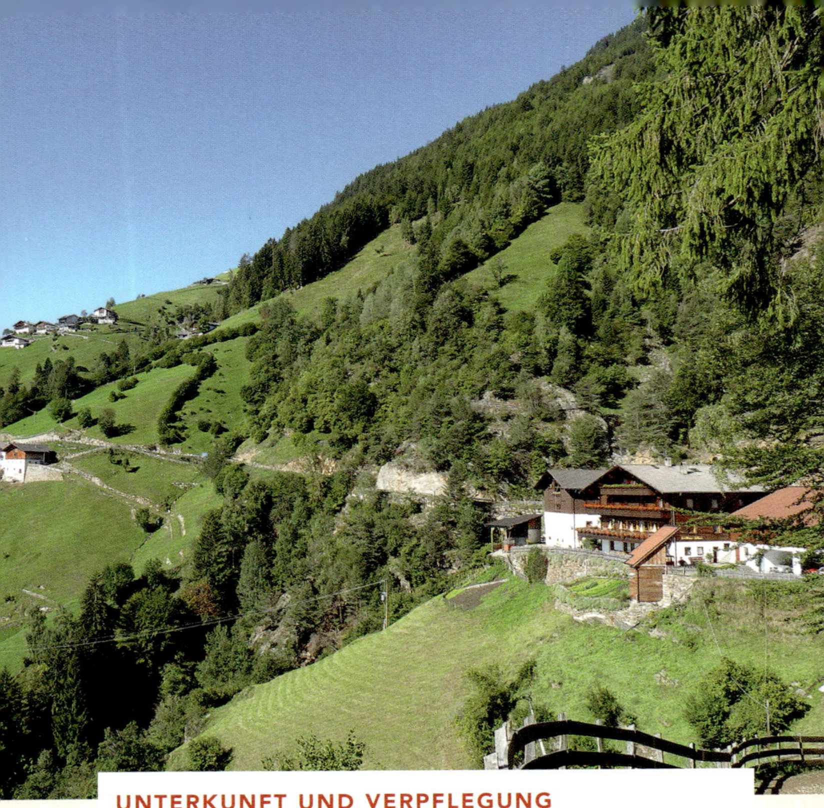

UNTERKUNFT UND VERPFLEGUNG

HOFSCHANK BERGRAST

Bauernhof am steilen Sonnenhang auf 1187 m Höhe. Große Sonnenterrasse, kleine getäfelte Gaststube. Abholservice ab Vernuer, Haltestelle des Busses 224.

- Fam. Unterthurner, Vernuerstraße 21, Gfeis/Riffian, Tel. 345 8114918, 0473 241137, www.bergrast.com
- Für 5–6 Personen in zwei Zimmern
- Nur für Hausgäste, kein Mittagsbetrieb für Tagesgäste mehr
- März–Nov.

GASTHOF WALDE

Gern besuchtes Berggasthaus, viel Platz im Speisesaal, in der getäfelten Stube und auf der Sonnenterrasse. Gute, einheimische Küche, viel Hausgemachtes. Für die Dauer der Wanderung können Autos kostenlos abgestellt werden.

- Fam. Prünster, Vernuerstraße 24, Gfeis/Riffian, Tel. 0473 241198, 333 4522267, www.gasthof-walde.com
- Für ca. 20 Personen in 6 Doppel- und einem Mehrbettzimmer sowie einer Ferienwohnung
- Für Haus- und Tagesgäste
- Ostern–Anfang Nov., Do. Ruhetag

LONGFALL

Einfaches, uriges Bauerngasthaus (1075 m), am schönsten ist es an den Tischen im Garten.

- Fam. Wopfner, Spronser Weg 1, Dorf Tirol, Tel. 0473 923674
- Für Tagesgäste
- Ganzjährig geöffnet, Fr. Ruhetag

TALBAUER

Rührige Gastwirte, renoviertes und neu ausgebautes Gasthaus auf 1209 m Höhe, Sonnenterrasse, Liegestühle, bekannt gute Küche: Pellkartoffeln mit Kräuter-Frischkäse, Lammbraten, Bergsalate, Kuchen.

- Fam. Gamper, Muthöfe 3, Dorf Tirol, Tel. 0473 229941, www.talbauer.it
- Mehrbettzimmer mit 5–12 Betten im neuen Anbau
- Für Haus- und Tagesgäste
- Mitte März–Mitte Dez., Sa. Ruhetag (Aug.–Okt. kein Ruhetag)

HOCHMUTH

Direkt an der Bergstation der Seilbahn (1361 m) gelegen. Küche mit guter, auch origineller Hausmannskost: allerlei Knödel, Nudeln, Suppen, Braten, darunter Lammbraten, und Gulasch mit Fleisch vom Hof; Brotzeitteller mit hausgemachtem Speck, Würsten und Käse; Kuchen, Omeletts mit Apfelmus, beachtliche Weinauswahl.

- Fam. Pircher, Muthöfeweg 8, Dorf Tirol, Tel. 333 2668484, www.hochmuth.it
- 4 Doppelzimmer, 3 Dreibettzimmer, 1 Bettenlager
- Für Haus- und Tagesgäste
- Ende März–Mitte Nov.

OBERHOCHMUTHOF

Berggasthof auf 1380 m Höhe, wetteifert mit dem Nachbarn Hochmuth um die beste Panoramaposition und die Gäste an der Bergstation der Seilbahn. Gute Hausmannskost, Speck, Würste, Milch, Joghurt und Butter stammen vom eigenen Hof.

- Fam. Pircher, Muthöfeweg 9, Dorf Tirol, Tel. 334 3595431, www.oberhochmuthof.it
- Für ca. 10 Personen, 3 Doppel-, 1 Dreibettzimmer
- Für Haus- und Tagesgäste
- Ganzjährig geöffnet, kein Ruhetag

STEINEGG

10 Minuten oberhalb der Seilbahnstation liegt das Gasthaus Steinegg auf 1443 m Höhe; in den Tourismusbroschüren wird ein wenig übertrieben, da sind immer 1500 m angegeben. Terrasse mit herrlichem Ausblick, der Hausherr steht selbst in der Küche und sorgt für die typischen Gerichte.

- Fam. Pircher, Muthöfeweg 10, Dorf Tirol, Tel. 0473 229940, www.steinegg.it
- Für Tagesgäste
- Mitte März–Mitte Nov.

Südtirols schönste Seiten

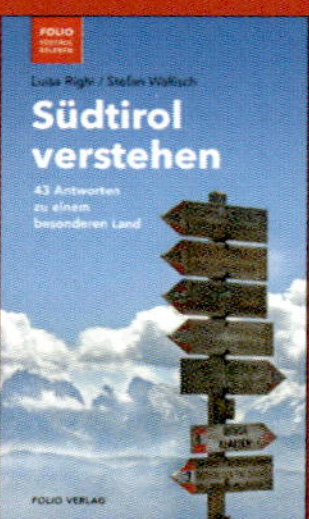

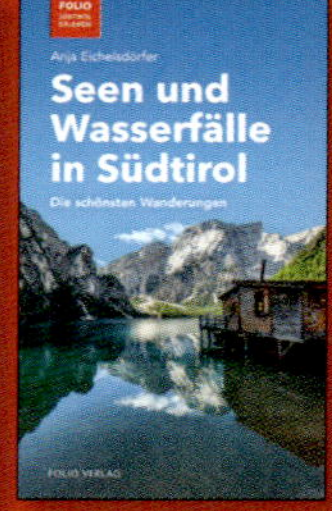

Luisa Righi/Stefan Wallisch
Südtirol verstehen
43 Antworten zu einem besonderen La
96 S., ISBN 978-3-85256-722-8

Anja Eichelsdörfer
Seen und Wasserfälle in Südtirol
Die schönsten Wanderungen
144 S., ISBN 978-3-85256-783-9

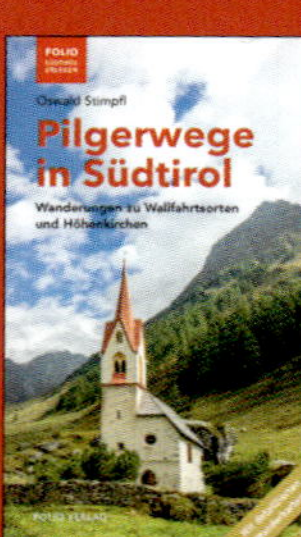

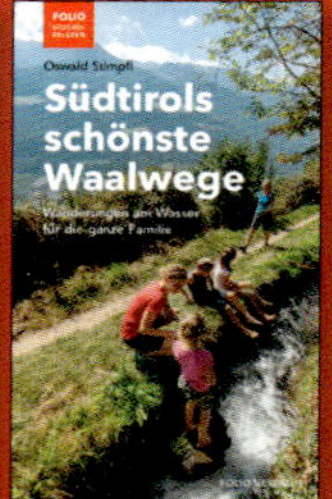

Oswald Stimpfl
Pilgerwege in Südtirol
Wanderungen zu Wallfahrtsorten und Höhenkirchen
176 S., ISBN 978-3-85256-782-2

Oswald Stimpfl
Südtirols schönste Waalwege
Wanderungen am Wasser für die ganze Familie
128 S., ISBN 978-3-85256-776-1

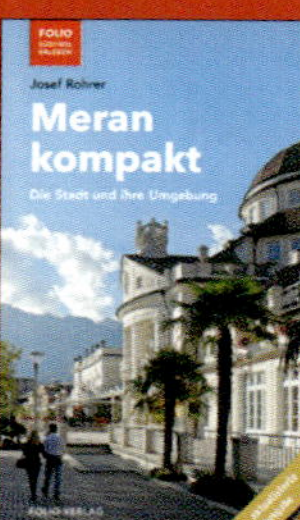

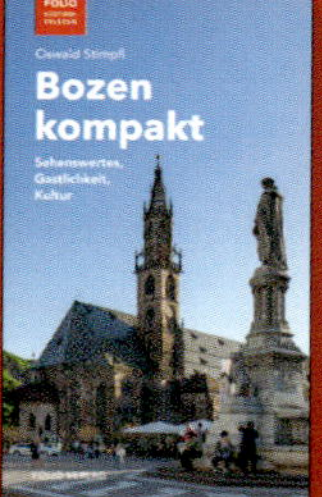

Josef Rohrer
Meran kompakt
Die Stadt und ihre Umgebung
104 S., ISBN 978-3-85256-736-5

Oswald Stimpfl
Bozen kompakt
Sehenswertes, Gastlichkeit, Kultur
72 S., ISBN 978-3-85256-723-5

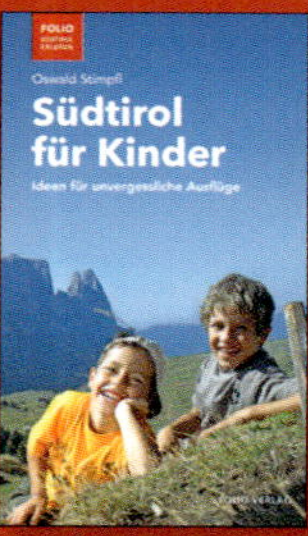

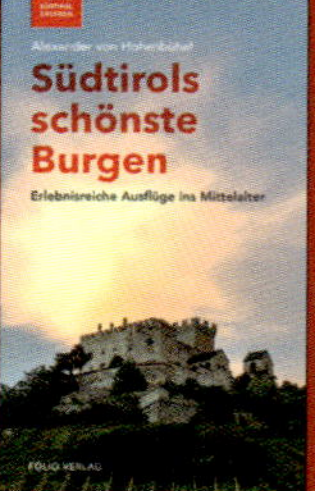

Oswald Stimpfl
Südtirol für Kinder
Ideen für unvergessliche Ausflüge
168 S., ISBN 978-3-85256-744-0

Alexander von Hohenbühel
Südtirols schönste Burge
Erlebnisreiche Ausflüge ins Mittelalter
144 S., ISBN 978-3-85256-743-3

www.folioverlag.com